Pollo
... recetas sencillas

Publicado por Parragon en 2012

Copyright © Parragon Books Ltd 2011

Parragon Books Ltd
Queen Street House
4 Queen Street
Bath BA1 1HE, Reino Unido

Copyright © de la edición española: Parragon Books Ltd

Traducción: Carme Franch para Equipo de Edición
Redacción y maquetación: Equipo de Edición, Barcelona

Love Food es un sello editorial de Parragon Books Ltd.
Love Food y el logotipo correspondiente son una marca comercial registrada de Parragon Books Ltd en Australia, Reino Unido, Estados Unidos, India y la Unión Europea.

Todos los derechos reservados. Ninguna parte de esta obra se puede reproducir, almacenar o transmitir de forma o por medio alguno, sea este electrónico, mecánico, por fotocopia, grabación o cualquier otro, sin la previa autorización escrita de los titulares de los derechos.

ISBN 978-1-4454-6906-5

Impreso en China / Printed in China

Producción: Ivy Contract
Fotografía: Charlie Paul

Notas para el lector
En este libro las medidas se dan en el sistema métrico. Se considera que 1 cucharadita equivale a 5 ml y 1 cucharada, a 15 ml. Si no se da otra indicación, la leche será siempre entera, los huevos y las verduras u hortalizas, como las patatas, de tamaño medio, y la pimienta, negra y recién molida.

Los tiempos indicados son orientativos. Los tiempos de preparación pueden variar de una persona a otra según su técnica culinaria; asimismo, también pueden variar los tiempos de cocción. Los ingredientes opcionales y las distintas sugerencias para acompañar una determinada tarta no se han incluido en los cálculos.

Las recetas que llevan huevo crudo o poco hecho no están indicadas para niños, ancianos, mujeres embarazadas ni personas convalecientes o enfermas. Se recomienda a las mujeres embarazadas o lactantes que no consuman cacahuetes ni productos derivados. Las personas alérgicas a los frutos secos tendrán que tener en cuenta que algunos de los productos preparados que llevan estas recetas pueden contenerlos; por tanto, antes de dosificarlos deberán leer atentamente la lista de sus ingredientes.

El español tiene tal diversidad y riqueza que la editorial ha decidido emplear el lenguaje más neutro posible con el fin de ser comprendido por el mayor número de lectores. Cuando el término empleado difiere enormemente según la región, se incluyen sinónimos en la lista de ingredientes.

Pollo

introducción	4
sopas, entrantes y ensaladas	6
almuerzos y comidas ligeras	48
guisos y asados	92
pasta	148
arroces	174
índice	208

introducción

El pollo se ha convertido en uno de los alimentos más versátiles y populares de muchas culturas de todo el mundo. Esto se debe a varias razones, entre otras que los pollos son relativamente rápidos y fáciles de criar y no necesitan grandes espacios verdes. Hay que tener en cuenta que las aves que se crían al aire libre y se alimentan con maíz pueden ser más caras, pero tienen mucho mejor sabor que las de granja alimentadas en batería.

Desde el punto de vista nutritivo, el pollo es una excelente fuente de proteínas, vitaminas del grupo B y minerales como hierro y cinc. Es un alimento bajo en grasa y no contiene hidratos de carbono, por lo que resulta perfecto para quienes deben vigilar su peso o su nivel de colesterol. También es fácil y rápido de cocinar, así que no vale la excusa de no tener tiempo para preparar una comida sana y equilibrada.

introducción

¿Y desde el punto de vista gastronómico? Existen tantas opciones que podría servir pollo todos los días de la semana y aun así no quedarse sin ideas. El pollo puede prepararse de forma sencilla, ya sea asado, a la brasa, a la parrilla, salteado o rebozado, y servirse con una guarnición de patatas o arroz y ensalada u hortalizas salteadas. Para las ocasiones en que tenga más tiempo, el pollo se presta a multitud de opciones. Si le gusta el arroz puede preparar una tradicional paella o un cremoso risotto italiano, mientras que si es amante de la pasta tiene a su disposición una gran variedad de salsas deliciosas e incluso puede que se atreva a preparar su propia pasta fresca rellena, como tortellini y raviolis. Si le va la comida mexicana, encontrará recetas tradicionales que le harán la boca agua, mientras que las especialidades chinas, tailandesas e indias satisfarán los paladares deseosos de platos especiados.

Sea cual sea su elección, con esta selección de recetas disfrutará de todo el sabor y la variedad que ofrece un alimento tan versátil como el pollo.

sopas, entrantes y ensaladas

crema de pollo

ingredientes

para 4 personas

3 cucharadas de mantequilla (manteca)
4 chalotes (echalotes, escalonias) picados
1 puerro (poro) en rodajas
450 g de pechugas de pollo sin piel troceadas
600 ml de caldo de pollo
1 cucharada de perejil picado
1 cucharada de tomillo fresco picado, y unas ramitas más para adornar
175 ml de nata (crema) extragrasa
sal y pimienta

preparación

1 Derrita la mantequilla en una olla a fuego medio. Sofría el chalote sin dejar de remover 3 minutos, hasta que se ablande. Añada el puerro y rehóguelo todo 5 minutos más sin dejar de remover. Incorpore el pollo, el caldo y las hierbas y salpimiente. Llévelo a ebullición y cueza la sopa 25 minutos, hasta que el pollo esté hecho. Aparte la olla del fuego y déjela enfriar 10 minutos.

2 Pase la sopa al robot de cocina o la batidora y tritúrela hasta que quede homogénea. Si es necesario, realice esta operación por tandas. Devuélvala a la olla enjuagada y caliéntela 5 minutos a fuego lento.

3 Incorpore la nata y prosiga con la cocción 2 minutos más. Apague el fuego y sirva la sopa en boles. Adórnela con unas ramitas de tomillo y sírvala enseguida.

variación

Si desea preparar una crema de pollo baja en grasa, suprima la nata y sustituya la mitad del caldo por leche semidesnatada. La sopa quedará suave y cremosa.

sopa de pollo y patata con beicon

ingredientes

para 4 personas

1 cucharada de mantequilla (manteca)
2 dientes de ajo picados
1 cebolla en rodajas
250 g de beicon (tocino, panceta) magro picado
2 puerros (poros) grandes en rodajas
2 cucharadas de harina
1 litro de caldo de pollo
800 g de patatas (papas) troceadas
200 g de pechugas de pollo sin piel troceadas
4 cucharadas de nata (crema) extragrasa
sal y pimienta
lonchas (lonjas) de beicon (tocino, panceta) asado y ramitas de perejil, para adornar

preparación

1 Derrita la mantequilla en una olla a fuego medio. Sofría el ajo y la cebolla sin dejar de remover 3 minutos, hasta que se ablanden. Añada el beicon y el puerro y rehóguelo todo 3 minutos más sin dejar de remover.

2 En un bol, mezcle la harina con caldo suficiente para obtener una pasta homogénea e incorpórela a la olla. Cuézalo 2 minutos sin dejar de remover. Vierta el caldo restante, añada la patata y el pollo y salpimiente. Lleve la sopa a ebullición, baje el fuego y cuézala 25 minutos, hasta que el pollo y la patata estén tiernos y cocidos.

3 Incorpore la nata y prosiga con la cocción 2 minutos más. Apague el fuego y sirva la sopa en boles. Adórnela con beicon asado y perejil y sírvala enseguida.

sopa de pollo con brécol

ingredientes

para 4-6 personas

225 g de brécol (brócoli)
55 g de mantequilla (manteca) sin sal
1 cebolla picada
225 g de arroz basmati
225 g de pechuga de pollo deshuesada y sin piel, en tiras finas
25 g de harina integral
300 ml de leche
500 ml de caldo de pollo
55 g de maíz (elote, choclo) dulce
sal y pimienta

preparación

1. Separe el brécol en ramitos y cuézalo 3 minutos en una olla de agua hirviendo con un poco de sal. Escúrralo, sumérjalo en agua fría y resérvelo.

2. Derrita la mantequilla en una cazuela a fuego medio y rehogue la cebolla, el arroz y el pollo 5 minutos, removiendo a menudo.

3. Aparte la cazuela del fuego e incorpore la harina. Devuélvala al fuego y prosiga con la cocción 2 minutos más sin dejar de remover. Vierta la leche y, después, el caldo. Lleve la sopa a ebullición sin dejar de remover, baje el fuego y déjela cocer 10 minutos.

4. Escurra el brécol, añádalo a la sopa junto con el maíz y salpimiente. Prosiga con la cocción 5 minutos más, o hasta que el arroz esté a punto, y sírvala.

sopa tailandesa de pollo con coco

ingredientes

para 4 personas

115 g de fideos finos de arroz
1,2 litros de caldo de pollo
 o de verduras
1 tallo de limoncillo majado
1 trozo de jengibre de 1 cm pelado
 y bien picado
2 hojas de lima kafir (lima, limón)
 frescas en tiras finas
1 guindilla (ají picante, pimiento
 chico, chile seco) roja fresca,
 o al gusto, despepitada (sin
 semillas) y en rodajas finas
2 pechugas de pollo deshuesadas y
 sin piel, cortadas en tiras finas
200 ml de crema de coco
2-3 cucharadas de salsa
 de pescado tailandesa
1-2 cucharadas de zumo (jugo)
 de lima (limón) recién
 exprimido
55 g de brotes de soja
4 cebolletas (cebollas tiernas o de
 verdeo), solo la parte verde,
 en rodajas finas
hojas de cilantro, para adornar

preparación

1 Cubra los fideos con agua templada y déjelos 20 minutos en remojo, hasta que se ablanden. Si lo prefiere, cuézalos según las instrucciones del envase. Escúrralos bien y resérvelos.

2 Mientras tanto, lleve el caldo a ebullición en una olla a fuego alto. Baje el fuego, añada el limoncillo, el jengibre, las hojas de lima y la guindilla, y cuézalo todo 5 minutos. Añada el pollo y prosiga con la cocción unos 3 minutos más, o hasta que esté hecho.

3 Incorpore la crema de coco, la salsa de pescado y 1 cucharada de zumo de lima y déjelo en el fuego 3 minutos más. Añada los brotes de soja y la cebolleta, y espere otro minuto.

4 Rectifique de salsa de pescado y zumo de lima. Retire y deseche el limoncillo.

5 Reparta los fideos entre 4 boles. Devuelva la sopa a ebullición y viértala en los boles, de esta forma se calentarán los fideos. Adórnela con hojas de cilantro y sírvala.

sopa de pollo al estragón

ingredientes

para 4 personas

55 g de mantequilla (manteca) sin sal
1 cebolla grande picada
300 g de pollo sin piel cocido y desmenuzado en tiras
625 ml de caldo de pollo
1 cucharada de estragón fresco picado
150 ml de nata (crema) extragrasa
sal y pimienta
hojas de estragón fresco, para adornar
picatostes, para acompañar

preparación

1. Derrita la mantequilla en una olla y sofría la cebolla durante 3 minutos.

2. Eche el pollo y la mitad del caldo. Lleve la sopa a ebullición y cuézala a fuego lento 20 minutos. Espere a que se enfríe y tritúrela en la batidora o el robot de cocina hasta que quede homogénea.

3. Devuélvala a la olla y caliéntela bien. Vierta el caldo restante y salpimiente. Agregue el estragón picado, pase la sopa a boles individuales e incorpore la nata.

4. Adorne la sopa con hojas de estragón y sírvala con picatostes.

caldo claro de pollo y setas

ingredientes

para 4 personas

25 g de boletos secos u otra variedad de setas (hongos)
1 litro de agua
2 cucharadas de aceite vegetal o de cacahuete (cacahuate, maní)
115 g de champiñones laminados
2 dientes de ajo picados gruesos
1 trozo de galanga (jengibre de Siam) fresca de 5 cm en rodajas finas
2 pechugas de pollo con el hueso y la piel
225 g de champiñones en cuartos
el zumo (jugo) de $1/2$ lima (limón)
ramitas de perejil, para adornar

preparación

1 Ponga las setas secas en un bol, cúbralas con agua caliente y déjelas en remojo de 20 a 30 minutos. Escúrralas y reserve el líquido. Corte y deseche los pies y trocee gruesos los sombrerillos.

2 Vierta en una olla el líquido del remojo de las setas y el agua y llévelo a ebullición. Baje el fuego y déjelo hervir a fuego lento.

3 Mientras tanto, caliente el aceite en un wok y saltee las setas remojadas y las frescas con el ajo y la galanga 3 o 4 minutos. Incorpore el salteado a la olla junto con el pollo. Cuézalo de 10 a 15 minutos, hasta que la pechuga se desprenda del hueso.

4 Retire el pollo de la olla. Reserve la piel. Separe la carne de los huesos, trocéela y resérvela. Devuelva la piel y los huesos al caldo y prosiga con la cocción 30 minutos.

5 Aparte la olla del fuego y cuele el caldo con un colador de muselina sobre una cazuela. Lleve la sopa de nuevo a ebullición e incorpore los champiñones cuarteados, el pollo y el zumo de lima. Baje el fuego y déjelo hervir a fuego lento de 8 a 10 minutos. Vierta la sopa en boles, adórnela con perejil y sírvala enseguida.

crostini de pollo

ingredientes

para 4 personas

12 rebanadas de pan de barra o de hogaza
4 cucharadas de aceite de oliva
2 dientes de ajo picados
2 cucharadas de orégano fresco bien picado
100 g de pollo asado frío, en lonchas (lonjas) pequeñas y finas
4 tomates (jitomates) cortados en rodajas
12 rodajas finas de queso de cabra
12 aceitunas negras sin hueso picadas
sal y pimienta
hojas de ensalada verdes y rojas, para acompañar

preparación

1 Ponga el pan bajo el gratinador precalentado a temperatura media y tuéstelo por ambos lados. Mientras tanto, vierta el aceite en un bol y añada el ajo y el orégano. Salpimiente y mézclelo bien. Unte una cara de las tostadas con el aceite condimentado.

2 Ponga las tostadas, con el lado untado hacia arriba, en la bandeja del horno. Cúbralas con unas lonchas de pollo y una rodaja de tomate cada una.

3 Reparta el queso y cúbralo con las aceitunas picadas. Rocíe los crostini con el aceite restante y póngalos en el horno precalentado a 180 °C. Hornéelos 5 minutos, o hasta que el queso se dore y empiece a fundirse.

4 Saque los crostini del horno y sírvalos acompañados de hojas de ensalada verdes y rojas.

sopa de pollo con fideos

ingredientes

para 4-6 personas

2 pechugas de pollo sin piel
2 litros de agua
1 cebolla, con la piel y por la mitad
1 diente de ajo grande por la mitad
1 trozo de jengibre de 1 cm pelado y en rodajas
4 granos de pimienta negra un poco majados
4 clavos
2 estrellas de anís
1 zanahoria pelada
1 tallo de apio picado
100 g de mazorquitas de maíz (elote, choclo), por la mitad a lo largo y picadas
2 cebolletas (cebollas tiernas o de verdeo) en tiras finas
115 g de fideos finos de arroz
sal y pimienta

preparación

1. Ponga las pechugas y el agua en una cazuela y llévelas a ebullición. Baje el fuego y cueza el caldo al tiempo que lo espuma. Añada la cebolla, el ajo, el jengibre, los granos de pimienta, los clavos, el anís estrellado y una pizca de sal, y déjelo a fuego lento 20 minutos, o hasta que el pollo esté tierno y hecho. Mientras tanto, ralle la zanahoria a lo largo por el lado más grueso del rallador para obtener tiras largas y finas.

2. Cuele el caldo, reserve unos 1,25 litros y deseche los ingredientes sólidos. (Puede dejar enfriar el caldo y refrigerarlo toda la noche para que la grasa se solidifique y pueda eliminarla al día siguiente). Devuelva el caldo a la cazuela limpia junto con la zanahoria, el apio, las mazorquitas y la cebolleta, y llévelo a ebullición. Hiérvalo hasta que las mazorquitas estén tiernas y, a continuación, añada los fideos y espere 2 minutos.

3. Mientras tanto, pique el pollo, incorpórelo al caldo y prosiga con la cocción 1 minuto más, hasta que el pollo se caliente y los fideos estén cocidos. Salpimiente la sopa.

croquetas de pollo y jamón

ingredientes

para 8 unidades

4 cucharadas de aceite de oliva
4 cucharadas de harina
200 ml de leche
115 g de carne de pollo cocida picada
55 g de jamón curado o cocido bien picado
1 cucharada de perejil picado, y unas ramitas más para adornar
1 pizca de nuez moscada recién rallada
1 huevo batido
55 g de miga de pan del día anterior
aceite de maíz (elote, choclo), para freír
sal y pimienta
alioli (ajoaceite), para acompañar

preparación

1. Caliente el aceite de oliva en una cazuela. Eche la harina y dórela a fuego lento 1 minuto sin dejar de remover. Vierta la leche poco a poco, removiendo para disolver bien la harina, llévelo a ebullición y cuézalo, removiendo sin cesar, hasta que burbujee y se espese.

2. Aparte el cazo del fuego, incorpore el picadillo de pollo y mézclelo bien. Añada el jamón, el perejil y la nuez moscada, mézclelo y salpimiente la pasta. Extiéndala en un plato y déjela enfriar 30 minutos. Tápela con film transparente y refrigérela 2 o 3 horas o toda la noche.

3. Ponga el huevo batido en un plato y la miga de pan en otro. Divida la pasta en 8 porciones iguales y deles forma de croqueta. Páselas de una en una primero por el huevo y después por el pan rallado. Refrigérelas 1 hora.

4. Caliente el aceite en una sartén a 180 o 190 °C. Fría las croquetas por tandas de 5 a 10 minutos, o hasta que se doren y estén crujientes. Sáquelas con una espumadera y déjelas escurrir sobre papel de cocina.

5. Sirva las croquetas bien calientes, adornadas con ramitas de perejil y acompañadas de alioli.

pollo al limón con ajo

ingredientes

para 6-8 personas

4 pechugas grandes de pollo deshuesadas y sin piel
5 cucharadas de aceite de oliva
1 cebolla bien picada
6 dientes de ajo bien picados
la ralladura de 1 limón, la piel (cáscara) de 1 limón mondada muy fina y el zumo (jugo) de ambos limones
4 cucharadas de perejil picado, y un poco más para adornar
sal y pimienta
gajos de limón y pan crujiente, para acompañar

preparación

1 Con un cuchillo afilado, corte las pechugas a lo ancho en lonchas muy finas. Caliente el aceite en una sartén grande de base gruesa y sofría la cebolla 5 minutos, o hasta que esté tierna pero no dorada. Añada el ajo y sofríalo todo 30 segundos más.

2 Eche el pollo y rehóguelo, removiendo de vez en cuando, de 5 a 10 minutos, hasta que todos los ingredientes comiencen a tomar color y el pollo esté tierno.

3 Agregue la ralladura y el zumo de limón y espere a que burbujee. Al mismo tiempo, desglase los jugos de la sartén con una cuchara de madera. Retire la sartén del fuego, incorpore el perejil y salpimiente.

4 Pase el pollo, bien caliente, a una fuente. Esparza por encima tiritas de piel de limón, adórnelo con perejil y sírvalo con gajos de limón para exprimirlos sobre el pollo. Acompañe el plato con rebanadas de pan crujiente para mojarlo en la salsa.

alitas de pollo con salsa de soja

ingredientes

para 3-4 personas

250 g de alitas de pollo, descongeladas si no son frescas
250 ml de agua
1 cucharada de cebolleta (cebolla tierna o de verdeo) en rodajas
1 trozo de jengibre de 2,5 cm en 4 rodajas
2 cucharadas de salsa de soja clara
½ cucharadita de salsa de soja oscura
1 estrella de anís
1 cucharadita de azúcar

preparación

1 Enjuague y seque las alitas de pollo. Lleve el agua a ebullición en una cazuela, eche las alitas, la cebolleta y el jengibre, y deje que rompa de nuevo el hervor.

2 Incorpore los ingredientes restantes, tape la cazuela y cuézalo todo a fuego lento 30 minutos.

3 Retire las alitas de pollo con una espumadera y sírvalas calientes.

paté de higadillos de pollo

ingredientes

para 6-8 personas

175 g de mantequilla (manteca) sin sal
500 g de higadillos de pollo, descongelados si no son frescos y limpios
½ cucharada de aceite de girasol
2 chalotes (echalotes, escalonias) bien picados
2 dientes grandes de ajo bien picados
2½ cucharadas de madeira o brandy
2 cucharadas de nata (crema) extragrasa
1 cucharadita de tomillo seco
¼ de cucharadita de pimienta de Jamaica molida
sal y pimienta
rebanadas de pan de molde tostadas y hojas de ensalada, para acompañar

preparación

1 Funda 25 g de la mantequilla en una sartén a fuego medio-fuerte. Rehogue los higadillos 5 minutos, o hasta que estén dorados por fuera pero todavía algo rosados por dentro. Si es necesario, hágalo por tandas para no llenar demasiado la sartén.

2 Pase los higadillos y el jugo de cocción al robot de cocina. Funda 25 g más de la mantequilla con el aceite en la sartén. Saltee el chalote y el ajo unos 2 o 3 minutos, hasta que el chalote esté tierno pero sin dejar que se dore.

3 Vierta el madeira y desglase los jugos de cocción. Incorpore la nata y, después, el tomillo, la pimienta de Jamaica, sal y pimienta. Pase el contenido de la sartén al robot de cocina junto con los higadillos. Añada el resto de la mantequilla troceada.

4 Tritúrelo hasta obtener una consistencia homogénea. Rectifique la sazón. Espere a que el paté se enfríe un poco, páselo a un bol y deje que se enfríe del todo.

5 Sírvalo enseguida o tápelo y consérvelo en el refrigerador hasta 3 días. En ese caso, déjelo a temperatura ambiente unos 30 minutos antes de servirlo. Sirva el paté con rebanadas de pan de molde recién tostadas y hojas de ensalada variadas.

ensalada con higadillos de pollo calientes

ingredientes

para 4 personas

250 g de hojas de ensalada variadas en trozos del tamaño de un bocado
2 cucharadas de perejil picado
2 cucharadas de cebollino (cebollín) fresco cortado
3-4 cucharadas de aceite de oliva
100 g de chalotes (echalotes, escalonias) bien picados
1 diente de ajo grande bien picado
500 g de higadillos de pollo limpios y por la mitad
3 cucharadas de vinagre de frambuesa
sal y pimienta
pan, para acompañar (opcional)

preparación

1 Mezcle las hojas de ensalada con el perejil y el cebollino y repártalo entre 4 platos.

2 Caliente 2 cucharadas del aceite en una sartén a fuego medio-fuerte. Saltee el chalote y el ajo 2 minutos, o hasta que el chalote esté tierno pero sin dejar que se dore.

3 Eche otra cucharada de aceite a la sartén y caliéntelo. Incorpore los higadillos y saltéelos 5 minutos, o hasta que estén rosados por dentro. Si fuera necesario, agregue un poco más de aceite.

4 Suba el fuego al máximo, eche el vinagre y remueva rápidamente. Salpimiente y disponga los higadillos y el jugo de cocción sobre las hojas de ensalada. Sírvalo enseguida, acompañado de pan, si lo desea.

ensalada de pollo, queso y rúcula

ingredientes

para 4 personas

150 g de hojas de rúcula
2 ramas de apio limpias y en rodajas
½ pepino en rodajas
2 cebolletas (cebollas tiernas o de verdeo) limpias y en rodajas
2 cucharadas de perejil picado
25 g de nueces troceadas
350 g de pollo asado deshuesado y en lonchas (lonjas)
125 g de queso stilton en dados
1 puñado de uvas negras sin pepitas, por la mitad (opcional)
sal y pimienta

aliño

2 cucharadas de aceite de oliva
1 cucharada de vinagre de jerez
1 cucharadita de mostaza de Dijon
1 cucharada de hierbas variadas

preparación

1. Lave la rúcula, séquela con papel absorbente y póngala en un cuenco. Añada el apio, el pepino, la cebolleta, el perejil y las nueces, y mézclelo bien. Páselo a una ensaladera. Disponga las lonchas de pollo sobre la ensalada, reparta por encima el queso y, si lo desea, añada las uvas. Salpimiente la ensalada.

2. Para preparar el aliño, ponga todos los ingredientes en un frasco con tapón de rosca y agítelo bien. Si lo prefiere, póngalos en un bol y bátalo bien. Aliñe la ensalada y sírvala.

ensalada de pollo asado con aliño de naranja

ingredientes

para 4 personas

250 g de hojas de espinaca tiernas
1 puñado de hojas de perejil
½ pepino en rodajas finas
90 g de nueces tostadas y picadas
350 g de pollo magro asado, deshuesado y en lonchas (lonjas) finas
2 manzanas rojas
1 cucharada de zumo (jugo) de limón
ramitas de perejil, para adornar
gajos de naranja, para servir

aliño de naranja

2 cucharadas de aceite de oliva virgen extra
el zumo (jugo) de 1 naranja
la ralladura fina de ½ naranja
1 cucharada de nata (crema) agria

preparación

1 Lave y escurra las espinacas y las hojas de perejil y póngalas en una ensaladera grande. Reparta las rodajas de pepino y las nueces por encima. Disponga las lonchas de pollo sobre la ensalada.

2 Descorazone las manzanas y pártalas por la mitad. Corte cada mitad en rodajas y rocíelas con el zumo de limón para que no se ennegrezcan. Coloque las rodajas de manzana sobre la ensalada.

3 Ponga los ingredientes del aliño en un frasco con tapón de rosca, ciérrelo y agítelo bien hasta que todo esté bien mezclado. Aliñe la ensalada, adórnela con las ramitas de perejil y sírvala con los gajos de naranja.

rodajitas de pollo con queso azul y hierbas aromáticas

ingredientes

para 4 personas

2 cucharadas de piñones un poco tostados
2 cucharadas de perejil picado
2 cucharadas de tomillo fresco picado
1 diente de ajo picado
1 cucharada de ralladura de limón
4 pechugas de pollo grandes sin piel
250 g de queso azul, como stilton, desmenuzado
sal y pimienta
rodajas de limón y ramitas de perejil, para adornar
hojas de ensalada verdes y rojas, para acompañar

preparación

1 Triture los piñones en un robot de cocina con el perejil, el tomillo, el ajo y la ralladura de limón. Salpimiente.

2 Aplane un poco las pechugas con una maza de cocina. Úntelas con la pasta de piñones por un lado y ponga el queso por encima. Enróllelas por la parte más estrecha procurando que el relleno no se salga. Envuelva los rollitos individualmente con papel de aluminio y ciérrelos bien. Páselos a una vaporera o a un escurridor metálico colocados sobre una cacerola de agua hirviendo, tápela herméticamente y cuézalos al vapor de 10 a 12 minutos, o hasta que estén hechos.

3 Ponga las hojas de ensalada en una fuente de servir grande. Saque el pollo del fuego, retire el papel de aluminio y corte los rollos en rodajitas. Dispóngalas sobre la ensalada, adórnelo con las rodajas de limón y el perejil, y sírvalo.

ensalada de pollo cajún

ingredientes

para 4 personas

4 pechugas de pollo deshuesadas y sin piel, de unos 140 g cada una
4 cucharaditas de especias cajún
2 cucharaditas de aceite de maíz (elote, choclo) (opcional)
1 mango maduro pelado, deshuesado (descarozado) y en láminas gruesas
200 g de hojas de ensalada variadas
1 cebolla roja en rodajas finas cortadas por la mitad
175 g de remolacha (betarraga) cocida en dados
85 g de rábanos en rodajas
55 g de nueces partidas por la mitad
4 cucharadas de aceite de nuez
1-2 cucharaditas de mostaza de Dijon
1 cucharada de zumo (jugo) de limón
sal y pimienta
2 cucharadas de semillas de sésamo (ajonjolí)

preparación

1 Haga 3 incisiones al bies en cada pechuga. Póngalas en un plato llano y sazónelas con las especias cajún. Tápelas y refrigérelas al menos 30 minutos.

2 Cuando vaya a prepararlas, unte una plancha con el aceite de maíz, si lo utiliza. Caliéntela a fuego fuerte hasta que al echar unas gotas de agua, esta chisporrotee. Ase las pechugas 7 u 8 minutos por cada lado, o hasta que estén bien hechas. Si todavía están rosadas por el centro, déjelas un poco más. Retírelas y resérvelas.

3 Ponga las rodajas de mango en la plancha y áselas 2 minutos por cada lado. Sáquelo y resérvelo.

4 Mientras tanto, disponga las hojas de ensalada en una ensaladera, reservando algunas para adornar, y reparta por encima la cebolla, la remolacha, el rábano y las nueces.

5 Ponga el aceite de nuez, la mostaza, el zumo de limón, sal y la pimienta en un frasco con tapón de rosca y agítelo bien. Aliñe la ensalada y esparza las semillas de sésamo por encima.

6 Coloque el mango y la ensalada en una fuente, disponga las pechugas encima y adorne el plato con las hojas reservadas.

ensalada de pollo al jengibre con hortalizas

ingredientes

para 4 personas

4 pechugas de pollo deshuesadas y sin piel
4 cebolletas (cebollas tiernas o de verdeo) y 1 trozo de jengibre de 2,5 cm picados
2 dientes de ajo aplastados
2 cucharadas de aceite vegetal o de cacahuete (cacahuate, maní)

ensalada

1 cucharada de aceite vegetal o de cacahuete (cacahuate, maní)
1 cebolla y 2 dientes de ajo picados
120 g de mazorquitas de maíz (elote, choclo) y 120 g de tirabeques (bisaltos, ejotes, arvejas planas) por la mitad
1 pimiento (ají, morrón, chile) rojo y 1 trozo de pepino de 7,5 cm pelado sin semillas en rodajas
4 cucharadas de salsa de soja tailandesa y 1 de azúcar de palma o moreno
unas hojas de albahaca tailandesa
175 g de fideos al huevo finos

preparación

1 Corte el pollo en dados grandes, de unos 2,5 cm de lado. Mezcle la cebolleta, el jengibre, el ajo y el aceite en un plato llano y añada el pollo. Tápelo bien y déjelo en adobo 3 horas como mínimo. Retire el pollo del adobo y resérvelo.

2 Para preparar la ensalada, caliente el aceite en un wok o una sartén grande y sofría la cebolla en rodajas 1 o 2 minutos antes de añadir las hortalizas restantes, excepto el pepino. Saltéelas 2 o 3 minutos, hasta que estén tiernas pero aún crujientes. Incorpore el pepino, la mitad de la salsa de soja, el azúcar y la albahaca, y mézclelo con suavidad.

3 Mientras tanto, deje los fideos en remojo 2 o 3 minutos (o según las instrucciones del envase), o hasta que estén tiernos, y escúrralos bien. Vierta la salsa de soja restante sobre los fideos y repártalos entre los platos. Cúbralos con las hortalizas.

4 Si fuera necesario, ponga un poco más de aceite en el wok y saltee el pollo a fuego fuerte hasta que esté dorado por todas partes. Disponga los dados de pollo sobre la ensalada y sírvala caliente o tibia.

ensalada de pollo al curry

ingredientes

para 4 personas

4 pechugas de pollo deshuesadas
2 cucharadas de pasta de curry rojo
2 cucharadas de aceite vegetal o de cacahuete (cacahuate, maní)
1 col (repollo) china en tiras
175 g de pak choy en trozos grandes
½ col (repollo) rizada en tiras
2 chalotes (echalotes, escalonias) bien picados
2 dientes de ajo aplastados
1 cucharada de vinagre de vino de arroz
2 cucharadas de salsa de guindilla (ají picante, pimiento chico, chile seco) dulce
2 cucharadas de salsa de soja tailandesa

preparación

1 Haga varios cortes en las pechugas e introduzca la pasta de curry en cada uno. Tápelas y refrigérelas toda la noche.

2 Ase el pollo en una sartén de base gruesa o en una plancha a fuego medio 5 o 6 minutos, dándole un par de vueltas, hasta que esté hecho. Resérvelo caliente.

3 Caliente 1 cucharada de aceite en un wok o una sartén grande y saltee los dos tipos de col y el pak choy hasta que se ablanden un poco. Añada el aceite restante, el chalote y el ajo, y saltéelo todo hasta que las hortalizas estén tiernas pero no doradas. Incorpore el vinagre y la salsa de guindilla y la de soja. Aparte la sartén del fuego.

4 Reparta las hortalizas entre 4 platos. Corte el pollo en lonchas, colóquelo encima y alíñelo con la salsa caliente. Sírvalo enseguida.

ensalada tailandesa de pollo

ingredientes

para 6 personas

aceite vegetal en pulverizador
115 g de pechuga de pollo sin piel y cortada a lo largo en horizontal
3 limas (limones)

aliño
1 cucharada de limoncillo picado
1 guindilla (ají picante, pimiento chico, chile seco) verde picada
3 cucharadas de zumo (jugo) de lima (limón), 1 cm de jengibre pelado y en tiras
½ cucharadita de azúcar, 2 cucharadas de vinagre de vino blanco, 100 ml de agua y 1½ cucharaditas de maicena (almidón de maíz)

ensalada
25 g de fideos finos de arroz
50 g de cada de pimientos (ajís, chiles) sin semillas, zanahoria, calabacín (zapallo), tirabeques (bisaltos, ejotes, arvejas), mazorquitas de maíz (elote, choclo), ramitos de brécol (brócoli) y pak choy
4 cucharadas de hojas de cilantro picadas gruesas

preparación

1 Para preparar el aliño, ponga todos los ingredientes excepto la maicena en un cazo a fuego lento y llévelo a ebullición. Diluya la maicena en un poco de agua fría, añádala al cazo sin dejar de remover y prosiga con la cocción hasta que se espese. Aparte la cazuela del fuego y deje enfriar el aliño.

2 Caliente la plancha a fuego fuerte y pulverice un poco de aceite en ella. Ase la pechuga de pollo 2 minutos por cada lado, o hasta que esté hecha por dentro. Retírela y córtela en tiras finas.

3 Para preparar la ensalada, cubra los fideos con agua hirviendo y déjelos enfriar en la misma agua. Mientras tanto, corte los pimientos, la zanahoria, el calabacín, los tirabeques y las mazorquitas en tiras finas. Corte los ramitos de brécol en trozos de 5 mm y el pak choy en tiras finas. Escurra los fideos y ponga todos los ingredientes de la ensalada, junto con el pollo, en una ensaladera grande. Alíñela y remueva bien para que los ingredientes queden bien impregnados.

4 Tape la ensalada y refrigérela al menos 2 horas antes de servirla. Sírvala con el zumo de media lima exprimido sobre cada porción.

almuerzos y comidas ligeras

brochetas de pollo adobadas

ingredientes

para 4 personas

500 g de pechugas de pollo deshuesadas y sin piel
3 cucharadas de tomate (jitomate) concentrado
2 cucharadas de miel fluida
2 cucharadas de salsa Worcestershire
1 cucharada de romero fresco picado
250 g de tomates (jitomates) cherry
ramitas de romero fresco, para adornar
cuscús o arroz recién hervidos, para acompañar

preparación

1 Con un cuchillo afilado, corte el pollo en dados de 2,5 cm y póngalos en un cuenco. En un bol, mezcle el tomate concentrado con la miel, la salsa Worcestershire y el romero. Eche el aderezo sobre el pollo y remueva para que se unte bien.

2 Deje 8 brochetas de madera 30 minutos en remojo para que no se quemen durante la cocción. Precaliente el gratinador a temperatura media. Ensarte trozos de pollo y tomates cherry en alternancia en las brochetas y póngalas en la parrilla del gratinador.

3 Úntelas bien con el aderezo sobrante y luego áselas de 8 a 10 minutos, dándoles la vuelta, hasta que el pollo esté hecho. Reparta las brochetas entre 4 platos, adórnelas con unas ramitas de romero y sírvalas acompañadas de cuscús o arroz recién hervidos.

pollo picante con cacahuetes

ingredientes

para 4 personas

adobo

2 cucharadas de salsa de soja
1 cucharadita de guindilla (ají picante, pimiento chico, chile seco) molida, o al gusto

salteado

350 g de pechugas de pollo sin piel y troceadas
4 cucharadas de aceite de cacahuete (cacahuate, maní)
1 diente grande de ajo bien picado
1 cucharadita de jengibre fresco rallado
3 chalotes (echalotes, escalonias) en rodajas finas
225 g de zanahorias en rodajas finas
1 cucharadita de vinagre de vino blanco
1 pizca de azúcar
90 g de cacahuetes (cacahuates, maníes) tostados
1 cucharada de aceite de cacahuete (cacahuate, maní)
arroz hervido y ramitas de cilantro, para acompañar y adornar

preparación

1 Para preparar el adobo, mezcle en un cuenco la salsa de soja y la guindilla molida. Eche el pollo y remueva para que se unte bien. Tápelo con film transparente y refrigérelo 30 minutos.

2 Caliente el aceite en un wok o una sartén y saltee el pollo hasta que se dore y esté hecho. Retírelo con una espumadera y resérvelo caliente.

3 Si es necesario, añada un poco más de aceite al wok y saltee el ajo, el jengibre, el chalote y la zanahoria 2 o 3 minutos.

4 Devuelva el pollo al wok y caliéntelo bien. Incorpore el vinagre, el azúcar y los cacahuetes, remueva bien y rocíelo con el aceite de cacahuete.

5 Sírvalo enseguida acompañado de arroz recién hervido y adornado con unas ramitas de cilantro.

satay de pollo

ingredientes
para 4 personas

2 cucharadas de aceite vegetal o de cacahuete (cacahuate, maní)
1 cucharada de aceite de sésamo (ajonjolí)
el zumo (jugo) de 1/2 lima (limón)
2 pechugas de pollo deshuesadas y sin piel, en daditos

salsa para mojar
2 cucharadas de aceite vegetal o de cacahuete (cacahuate, maní)
1 cebolla pequeña bien picada
1 guindilla (ají picante, pimiento chico, chile seco) verde pequeña despepitada (sin semillas) y picada
1 diente de ajo bien picado
115 g de mantequilla (manteca) de cacahuete (cacahuate, maní) crujiente
6-8 cucharadas de agua
el zumo (jugo) de 1/2 lima (limón)

preparación

1 Mezcle los dos tipos de aceite con el zumo de lima en un plato de loza o cristal. Eche el pollo en el adobo, tape el plato con film transparente y refrigérelo 1 hora. Deje de 8 a 12 brochetas de madera en remojo durante 30 minutos antes de utilizarlas para que no se quemen durante la cocción.

2 Para preparar la salsa, caliente el aceite en una sartén y rehogue la cebolla, la guindilla y el ajo a fuego lento, removiendo de vez en cuando, unos 5 minutos, hasta que estén tiernos. Añada la mantequilla de cacahuete, el agua y el zumo de lima y déjelo hervir a fuego lento, sin dejar de remover, hasta que la mantequilla se haya diluido lo suficiente para formar una salsa. Tal vez tenga que añadir agua para desleírla un poco.

3 Mientras tanto, escurra el pollo y ensártelo en las brochetas. Áselas bajo el gratinador caliente o en la barbacoa, dándoles la vuelta varias veces, unos 10 minutos o hasta que estén hechas y doradas. Sírvalas enseguida con la salsa caliente.

pollo a las cinco especias con hortalizas

ingredientes

para 4 personas

- 2 cucharadas de aceite de sésamo (ajonjolí)
- 1 diente de ajo picado
- 3 cebolletas (cebollas tiernas o de verdeo) limpias y en rodajas
- 1 cucharada de maicena (almidón de maíz)
- 2 cucharadas de vino de arroz
- 4 pechugas de pollo sin piel, en tiras
- 1 cucharada de mezcla china de cinco especias
- 1 cucharadita de jengibre fresco rallado
- 125 ml de caldo de pollo
- 100 g de mazorquitas de maíz (elote, choclo)
- 300 g de brotes de soja
- cebolleta (cebolla tierna o de verdeo) bien picada, para adornar (opcional)
- arroz jazmín recién hervido, para acompañar

preparación

1. Caliente el aceite en un wok precalentado o una sartén grande. Saltee el ajo y la cebolleta 1 minuto a fuego medio-fuerte.

2. En un bol, diluya la maicena con el vino de arroz y échela en el wok. Saltéela 1 minuto y añada el pollo, el condimento de cinco especias, el jengibre y el caldo, y déjelo cocer 4 minutos. Incorpore las mazorquitas, espere 2 minutos y añada los brotes de soja. Prosiga con la cocción 1 minuto más.

3. Retírelo del fuego, adórnelo con cebolleta picada si lo desea y sírvalo con arroz blanco recién hervido.

pollo agridulce

ingredientes

para 4-6 personas

450 g de carne de pollo magra en dados
5 cucharadas de aceite vegetal o de cacahuete (cacahuate, maní)
½ cucharadita de ajo picado
½ cucharadita de jengibre picado
1 pimiento (ají, morrón, chile) verde y 1 cebolla picados gruesos
1 zanahoria en rodajas finas
1 cucharadita de aceite de sésamo (ajonjolí)
1 cucharada de cebolleta (cebolla tierna o de verdeo) picada
arroz recién cocido, para acompañar

adobo

2 cucharaditas de salsa de soja clara y 1 de vino de arroz de Shaoxing
1 pizca de pimienta blanca
½ cucharadita de sal y 1 chorrito de aceite de sésamo (ajonjolí)

salsa

8 cucharadas de vinagre de arroz
4 cucharadas de azúcar
2 cucharaditas de salsa de soja clara
6 cucharadas de kétchup

preparación

1 Ponga todos los ingredientes del adobo en un cuenco y deje macerar el pollo al menos 20 minutos.

2 Para preparar la salsa, caliente el vinagre en un cazo y añada el azúcar, la salsa de soja y el kétchup. Remueva para disolver el azúcar y reserve la salsa.

3 En un wok o una cazuela honda precalentados, caliente 3 cucharadas del aceite y saltee el pollo hasta que empiece a dorarse. Retírelo con una espumadera y resérvelo.

4 En el wok o la cazuela limpios, caliente el aceite restante y sofría el ajo y el jengibre hasta que desprendan su aroma. Añada las hortalizas y saltéelas 2 minutos. Eche el pollo y fríalo 1 minuto. Por último, añada la salsa y el aceite de sésamo y, después, incorpore la cebolleta. Sírvalo acompañado de arroz.

pollo con pak choy

ingredientes

para 4 personas

175 g de brécol (brócoli)
1 cucharada de aceite de cacahuete (cacahuate, maní)
1 trozo de jengibre de 2,5 cm rallado fino
1 guindilla (ají picante, pimiento chico, chile seco) roja tailandesa fresca, despepitada (sin semillas) y picada
2 dientes de ajo aplastados
1 cebolla roja en gajos
450 g de pechuga de pollo deshuesada y sin piel, en tiras finas
175 g de pak choy en tiras
115 g de mazorquitas de maíz (elote, choclo) por la mitad
1 cucharada de salsa de soja clara
1 cucharada de salsa de pescado tailandesa
1 cucharada de cilantro picado
1 cucharada de semillas de sésamo (ajonjolí) tostadas

preparación

1. Separe el brécol en ramitos y cuézalos 3 minutos en agua hirviendo con un poco de sal. Escúrralos y resérvelos.

2. Caliente un wok a fuego fuerte hasta que casi humee, eche el aceite y después el jengibre, la guindilla y el ajo. Saltéelos 1 minuto. Incorpore la cebolla y el pollo y siga salteando 3 o 4 minutos, o hasta que el pollo esté bien dorado.

3. Añada las hortalizas restantes, incluido el brécol, y saltéelas 3 o 4 minutos, o hasta que estén tiernas.

4. Agregue las salsas de soja y de pescado y siga salteando 1 o 2 minutos más. Sirva el salteado con el cilantro y las semillas de sésamo por encima.

curry cremoso de pollo con arroz al limón

ingredientes

para 4 personas

- 2 cucharadas de aceite vegetal
- 4 pechugas de pollo deshuesadas y sin piel (800 g en total), en dados de 2,5 cm
- ½ cucharadita de semillas de comino
- 1 cebolla grande rallada
- 2 guindillas (ajís picantes, pimientos chicos, chiles secos) frescas bien picadas
- 2 dientes grandes de ajo rallados
- 1 cucharadita de cada de jengibre rallado, cúrcuma molida, cilantro molido y garam masala
- 300 ml de leche de coco y 250 ml de tomate (jitomate) en conserva
- 2 cucharaditas de zumo (jugo) de limón y sal
- 2 cucharadas de cilantro picado, para adornar

arroz al limón

- 350 g de arroz basmati enjuagado
- 1,25 litros de agua
- el zumo (jugo) y la ralladura de 1 limón y 3 clavos

preparación

1 Caliente el aceite a fuego medio en una sartén de base gruesa. Saltee el pollo de 5 a 8 minutos, dándole vueltas con frecuencia, hasta que esté bien hecho y un poco dorado. Retírelo y resérvelo. Eche las semillas de comino en la sartén y fríalas hasta que empiecen a tomar color y a chisporrotear. Agregue la cebolla, tape la sartén a medias y siga friendo a fuego medio-lento, removiendo a menudo, 10 minutos o hasta que esté tierna y dorada. Añada la guindilla, el ajo, el jengibre, la cúrcuma, el cilantro y el garam masala y rehóguelo todo 1 minuto más.

2 Devuelva el pollo a la sartén e incorpore la leche de coco y el tomate. Tape la sartén a medias y cuézalo 15 minutos, hasta que la salsa se reduzca y se espese. Vierta el zumo de limón y sálelo.

3 Mientras tanto, prepare el arroz. Póngalo en una cazuela y cúbralo con el agua. Eche el zumo de limón y los clavos. Llévelo a ebullición; baje el fuego, tape la cazuela y deje cocer el arroz a fuego lento hasta que esté cocido. Aparte la cazuela del fuego e incorpore la ralladura de limón. Déjelo reposar, tapado, 5 minutos.

4 Sirva el curry y el arroz, adornado con el cilantro picado.

curry verde tailandés de pollo

ingredientes

para 4 personas

- 2 cucharadas de aceite de cacahuete (cacahuate, maní) o de girasol
- 2 cucharada de pasta de curry verde tailandés
- 500 g de pechugas de pollo deshuesadas y sin piel, en dados
- 2 hojas de lima kafir troceadas
- 1 tallo de limoncillo bien picado
- 225 ml de leche de coco
- 16 berenjenas pequeñas por la mitad
- 2 cucharadas de salsa de pescado tailandesa
- ramitas de albahaca tailandesa y hojas de lima kafir (lima, limón) en tiras finas, para adornar

preparación

1 Caliente el aceite en un wok precalentado o una sartén grande de base gruesa. Saltee la pasta de curry hasta que desprenda todo su aroma.

2 Añada el pollo, las hojas de lima y el limoncillo y saltéelo 3 o 4 minutos, hasta que el pollo comience a dorarse. Incorpore la leche de coco y la berenjena y déjelo a fuego lento de 8 a 10 minutos, o hasta que esta última esté tierna.

3 Agregue la salsa de pescado, remueva y sírvalo enseguida adornado con unas ramitas de albahaca tailandesa y hojas de lima kafir.

variación

Sustituya las berenjenas pequeñas por 3 pimientos verdes en rodajas, que potenciarán el color verde del curry.

pechugas de pollo con leche de coco

ingredientes

para 4 personas

1 cebolla pequeña picada
1 guindilla (ají picante, pimiento chico, chile seco) verde fresca, despepitada (sin semillas) y picada
1 trozo de jengibre de 2,5 cm picado
2 cucharaditas de cilantro molido
1 cucharadita de comino molido, 1 de semillas de hinojo, 1 de anís estrellado molido y 1 de semillas de cardamomo
$1/2$ cucharadita de cúrcuma molida
$1/2$ cucharadita de pimienta en grano
$1/2$ cucharadita de clavo molido
625 ml de leche de coco en conserva
4 pechugas de pollo deshuesadas y sin piel
aceite vegetal, para pintar
ramitas de cilantro, para adornar
arroz con tomate (jitomate) y pan naan, para acompañar

preparación

1. Ponga la cebolla, la guindilla, el jengibre, el cilantro, el comino, el hinojo, el anís, el cardamomo, la cúrcuma, la pimienta, el clavo y 500 ml de la leche de coco en el robot de cocina y tritúrelo para obtener una salsa, añadiendo más leche si fuera necesario.

2. Con un cuchillo afilado, haga unas incisiones en las pechugas de pollo y póngalas en una sola capa en una fuente llana de loza o de cristal. Cúbralos con la mitad de la salsa de leche de coco y deles la vuelta para que se unten bien. Tápelas con film transparente y déjelas macerar en el frigorífico un mínimo de 1 hora y un máximo de 8.

3. Caliente bien una parrilla y píntela con un poco de aceite. Ase el pollo, por tandas si fuera necesario, de 6 a 7 minutos por cada lado o hasta que esté tierno.

4. Mientras tanto, vierta la salsa de leche de coco restante en un cazo y llévela a ebullición, removiendo de vez en cuando. Coloque el pollo en una fuente de servir caliente, vierta unas cucharadas de salsa de coco por encima y adórnelo con unas ramitas de cilantro. Sírvalo caliente con arroz con tomate y pan naan.

pollo balti

ingredientes
para 6 personas

3 cucharadas de ghee (mantequilla o manteca clarificada) o de aceite vegetal
2 cebollas grandes en rodajas
3 tomates (jitomates) en rodajas
½ cucharadita de semillas de comino negro
4 granos de pimienta, 2 vainas de cardamomo y 1 ramita de canela
1 cucharadita de cada de guindilla (ají picante, pimiento chico, chile seco) molida, garam masala, ajo triturado y jengibre triturado
sal
700 g de pechugas o muslos de pollo deshuesados y sin piel, en dados
2 cucharadas de yogur
2 cucharadas de cilantro picado, y un poco más para adornar
2 guindillas (ajís picantes, pimientos chicos, chiles secos) verdes frescas, despepitadas (sin semillas) y bien picadas
2 cucharadas de zumo (jugo) de lima (limón)
pan naan, para acompañar

preparación

1 Caliente el ghee en una sartén grande de base gruesa. Sofría la cebolla a fuego lento, removiendo de vez en cuando, 10 minutos o hasta que se dore. Añada el tomate, el comino, la pimienta, el cardamomo, la canela, la guindilla, el garam masala, el ajo, el jengibre y sal al gusto. Rehóguelo 5 minutos sin dejar de remover.

2 Eche el pollo y prosiga con la cocción sin dejar de remover otros 5 minutos, o hasta que esté bien recubierto con la pasta de especias. Incorpore el yogur. Tape la sartén y déjelo a fuego lento, removiendo de vez en cuando, unos 10 minutos.

3 Añada el cilantro picado, la guindilla y el zumo de lima. Páselo todo a una fuente de servir caliente, adórnelo con más cilantro picado y sírvalo con el pan naan.

pollo a la lima con menta

ingredientes

para 6 personas

3 cucharadas de menta bien picada
4 cucharadas de miel
4 cucharadas de zumo (jugo) de lima (limón)
sal y pimienta
12 muslos de pollo deshuesados
ensalada variada, para acompañar

salsa

150 ml de yogur natural espeso desnatado (descremado)
1 cucharada de menta bien picada
2 cucharaditas de ralladura fina de lima (limón)

preparación

1 Mezcle la menta con la miel y el zumo de lima en un cuenco y salpimiente. Ensarte los muslos de pollo con unos palillos para que conserven la forma y déjelos en el adobo, dándoles la vuelta para que se impregnen.

2 Tape el pollo con film transparente y déjelo macerar en el frigorífico al menos 30 minutos. Retírelo del adobo y escúrralo. Reserve el adobo.

3 Precaliente el gratinador a temperatura media. Ponga el pollo en la parrilla y áselo de 15 a 18 minutos, o hasta que esté tierno y suelte un jugo claro al pinchar la parte más gruesa del muslo con la punta de un cuchillo. Dele la vuelta con frecuencia, untándolo con el adobo.

4 Mientras tanto, mezcle todos los ingredientes de la salsa en un bol. Retire los palillos de los muslos y sirva el pollo con ensalada variada y la salsa para mojar.

pollo bang bang

ingredientes

para 4 personas

350 g de carne de pollo deshuesada y sin piel
unas gotas de aceite de sésamo (ajonjolí)
2 cucharadas de pasta de sésamo (ajonjolí)
1 cucharada de salsa de soja clara
1 cucharada de caldo de pollo
½ cucharadita de sal
1 pizca de azúcar
8 cucharadas de hojas de lechuga en juliana
1 cucharada de semillas de sésamo (ajonjolí) tostadas, para adornar

preparación

1. Ponga el pollo en una cacerola con agua fría, llévelo a ebullición y déjelo cocer de 8 a 10 minutos. Escúrralo, déjelo enfriar un poco y córtelo en tiras del tamaño de un bocado.

2. Mezcle el aceite de sésamo con la pasta de sésamo, la salsa de soja, el caldo, la sal y el azúcar, y bátalo hasta que la salsa se espese y esté homogénea. Échela sobre el pollo y remueva para que se impregne bien.

3. Para servir, disponga la lechuga en una fuente y cúbrala con el pollo y la salsa. Esparza las semillas por encima y sírvalo a temperatura ambiente.

pollo a las especias tailandesas con calabacín

ingredientes
para 4 personas

1 cucharada de aceite de oliva
1 diente de ajo grande bien picado
1 trozo de jengibre de 2,5 cm pelado y bien picado
1 guindilla (ají picante, pimiento chico, chile seco) roja pequeña fresca, despepitada (sin semillas) y bien picada
350 g de pechuga de pollo deshuesada y sin piel, en tiras
1 cucharada de mezcla tailandesa de 7 especias
1 pimiento (ají, morrón, chile) rojo y 1 amarillo despepitados (sin semillas) y en rodajas
y 2 calabacines (zapallitos) en rodajas finas
227 g de brotes de bambú en conserva, escurridos
2 cucharadas de jerez seco o zumo (jugo) de manzana
1 cucharada de salsa de soja clara
2 cucharadas de cilantro picado, y un poco más para adornar
sal y pimienta

preparación

1 Caliente el aceite en un wok precalentado o una sartén grande. Saltee el ajo, el jengibre y la guindilla durante 30 segundos para que suelten todo su sabor.

2 Eche el pollo y las especias tailandesas y saltéelo unos 4 minutos o hasta que el pollo se dore uniformemente. Agregue el pimiento y el calabacín y saltéelo 1 o 2 minutos o hasta que se ablanden un poco.

3 Incorpore los brotes de bambú y prosiga con la cocción 2 o 3 minutos más o hasta que el pollo esté hecho y tierno. Añada el jerez o el zumo de manzana y la salsa de soja, salpimiente y saltéelo 1 o 2 minutos.

4 Incorpore el cilantro y sírvalo enseguida, adornado con más cilantro picado.

hamburguesas de pollo con beicon

ingredientes

para 4 personas

450 g de carne de pollo recién picada
1 cebolla rallada
2 dientes de ajo aplastados
55 g de piñones tostados
55 g de queso gruyer rallado
2 cucharadas de cebollino (cebollín) troceado
2 cucharadas de harina integral
8 lonchas (lonjas) de beicon (panceta, tocino) magro
1-2 cucharadas de aceite de maíz (elote, choclo)
sal y pimienta
mayonesa y cebolleta (cebolla tierna o de verdeo) picada (solo la parte verde), para adornar
panecillos, lechuga en juliana y aros de cebolla roja, para acompañar

preparación

1 Ponga la carne picada de pollo, la cebolla, el ajo, los piñones, el queso, el cebollino, sal y pimienta en el robot de cocina. Triture los ingredientes en intervalos breves. Vuelque el picadillo sobre una tabla de cocina y dele forma de 4 hamburguesas iguales. Páselas por la harina, tápelas y refrigérelas 1 hora.

2 Envuelva cada hamburguesa con 2 lonchas de beicon, sujetándolas con un palillo.

3 Caliente una sartén de base gruesa y eche el aceite. Cuando esté caliente, fría las hamburguesas a fuego medio 5 o 6 minutos por cada lado, o hasta que estén bien hechas.

4 Sírvalas enseguida con los panecillos sobre un lecho de lechuga y de aros de cebolla roja, rematadas con la mayonesa y la cebolleta.

fajitas de pollo

ingredientes

para 4 personas

3 cucharadas de aceite de oliva
3 cucharadas de jarabe de arce o miel
1 cucharada de vinagre de vino tinto
2 dientes de ajo aplastados
2 cucharaditas de orégano
1-2 cucharaditas de copos de guindilla (ají picante, pimiento chico, chile seco) roja
4 pechugas de pollo deshuesadas y sin piel
2 pimientos (ajís, morrones, chiles) rojos despepitados (sin semillas) y en tiras de 2,5 cm
8 tortillas de harina templadas
sal y pimienta
guacamole, para acompañar

preparación

1 Ponga en un cuenco o una fuente poco honda el aceite, el jarabe de arce, el vinagre, el ajo, el orégano y la guindilla. Salpimiente y mézclelo bien.

2 Corte el pollo en la dirección de la fibra en tiras de 2,5 cm de grosor. Imprégnelo en el adobo hasta que quede bien cubierto. Tápelo y refrigérelo 2 o 3 horas, dándole la vuelta de vez en cuando.

3 Caliente bien una plancha. Retire las tiras de pollo del adobo con una espumadera y áselas en la plancha a fuego medio-fuerte 3 o 4 minutos por cada lado, o hasta que estén hechas. Retire el pollo del fuego y resérvelo caliente en una fuente.

4 Ase los pimientos en la plancha, con la piel hacia abajo, unos 2 minutos por cada lado. Póngalos en la misma fuente que el pollo.

5 Sírvalo con el guacamole y las tortillas.

burritos de pollo

ingredientes

para 4 personas

150 ml de yogur natural desnatado (descremado)
1 cucharada de mostaza de grano entero
280 g de pechuga de pollo cocida, deshuesada y sin piel, en dados
140 g de lechuga iceberg en juliana
85 g de pepino en rodajas finas
2 ramas de apio en rodajas
85 g de uvas negras sin pepitas, por la mitad
8 tortillas de harina blandas de 20 cm de diámetro o 4 de 25 cm de diámetro
pimienta

preparación

1. En un bol, mezcle el yogur y la mostaza y sazónelo con pimienta. Eche el pollo en el adobo y remueva hasta que quede bien cubierto.

2. En un cuenco, mezcle la lechuga, el pepino, el apio y las uvas.

3. Doble las tortillas por la mitad y vuelva a doblarlas de nuevo sobre sí mismas para formar un cono fácil de sujetar con la mano. Rellénelas hasta la mitad con la ensalada y termine de llenarlas con el pollo adobado. Repita la operación hasta terminar los ingredientes. Sirva los burritos enseguida.

empanada de pollo

ingredientes

para 6-8 personas

1 pollo entero de 1,5 kg
1 cebolla pequeña por la mitad y 3 cebollas grandes bien picadas
1 zanahoria en rodajas gruesas
1 rama de apio en rodajas gruesas
la piel (cáscara) de 1 limón
1 hoja de laurel
10 granos de pimienta
155 g de mantequilla (manteca)
55 g de harina
150 ml de leche
25 g de queso kefalotíri o pecorino rallado
3 huevos batidos
225 g de pasta filo (mientras trabaja las láminas de una en una, reserve las restantes tapadas con un paño húmedo)
sal y pimienta

preparación

1 Ponga en una olla el pollo, la cebolla, la zanahoria, el apio, la piel de limón, el laurel y los granos de pimienta. Cúbralo con agua y llévelo a ebullición. Tape la olla y cuézalo despacio 1 hora, o hasta que el pollo esté hecho.

2 Retire el pollo de la cazuela y déjelo enfriar. Devuelva el caldo a ebullición y hiérvalo hasta que se haya reducido a 625 ml. Cuélelo y resérvelo. Trocee el pollo pequeño y deseche la piel y los huesos.

3 En una cazuela, sofría la cebolla picada en 55 g de mantequilla hasta que se ablande. Eche la harina y tuéstela, sin dejar de remover, 1 o 2 minutos. Vierta el caldo reservado y la leche. Llévelo a ebullición sin dejar de remover y cuézalo a fuego lento 1 o 2 minutos, hasta que se espese y quede homogéneo. Aparte la cazuela del fuego, añada el pollo y salpimente. Déjelo enfriar e incorpore el queso y los huevos batidos.

4 Funda la mantequilla restante y unte una fuente de horno metálica de 30 x 20 cm. Corte las láminas de pasta filo por la mitad a lo ancho. Forre la fuente con una porción de masa y úntela con mantequilla. Repita la operación con la mitad de las láminas. Extienda el relleno y cúbralo con las láminas restantes, untándolas con mantequilla y remetiendo los bordes. Hornee la empanada a 190 °C 50 minutos. Sírvala templada.

pollo dorado con cilantro

ingredientes

para 4 personas

1 manojo de cilantro
1 cucharada de aceite de maíz (elote, choclo)
4 pechugas de pollo deshuesadas y sin piel, de unos 115 g cada una, sin grasa
1 cucharadita de maicena (almidón de maíz)
1 cucharada de agua
90 ml de yogur natural desnatado (descremado)
2 cucharadas de nata líquida (crema de leche) baja en grasa
175 ml de caldo de pollo
2 cucharadas de zumo (jugo) de lima (limón)
2 dientes de ajo bien picados
1 chalote (echalote, escalonia) bien picado
1 tomate (jitomate) pelado, despepitado (sin semillas) y picado
sal y pimienta

preparación

1 Reserve unas ramitas de cilantro para adornar y pique gruesas las restantes. Caliente el aceite en una sartén de base gruesa y dore el pollo a fuego medio 5 minutos por cada lado, o hasta que suelte un jugo claro al pincharlo con la punta de un cuchillo afilado. Retírelo de la sartén y resérvelo caliente.

2 Disuelva la maicena en el agua hasta obtener una pasta. Incorpórele el yogur y la nata. Eche el caldo y el zumo de lima en la sartén, y añada el ajo y el chalote. Baje el fuego y espere 1 minuto. Incorpore el tomate a la salsa de yogur, pásela a la sartén y salpimiente. Prosiga con la cocción sin dejar de remover durante 1 o 2 minutos, o hasta que se haya espesado un poco pero sin que rompa el hervor. Añada el cilantro picado.

3 Disponga el pollo en una fuente, eche la salsa por encima y adórnelo con las ramitas de cilantro reservadas. Sírvalo enseguida.

brochetas de pollo con salsa de yogur

ingredientes

para 4 personas

300 ml de yogur griego (natural)
2 dientes de ajo aplastados
el zumo (jugo) de ½ limón
1 cucharada de hierbas frescas picadas, como orégano, eneldo, estragón o perejil
4 pechugas de pollo grandes, deshuesadas y sin piel
aceite, para engrasar
8 ramitas de romero fresco rígidas (opcional)
sal y pimienta
gajos de limón, para adornar
lechuga romana en juliana, para acompañar

preparación

1 Para preparar la salsa, ponga en un cuenco el yogur, el ajo, el zumo de limón y las hierbas. Salpimiente y mézclelo bien.

2 Corte las pechugas de pollo en dados de unos 4 cm. Añádalos a la salsa de yogur y remueva hasta que se impregnen bien. Tápelo y déjelo en adobo en el frigorífico 1 hora aproximadamente. Si va a utilizar brochetas de madera, déjelas en remojo en agua fría unos 30 minutos.

3 Precaliente el gratinador. Ensarte los trozos de pollo en 8 brochetas metálicas o de madera lisas y engrasadas o en las ramitas de romero y póngalas en la parrilla del gratinador engrasada.

4 Ase las brochetas bajo el gratinador unos 15 minutos, dándoles la vuelta y untándolas con el adobo de vez en cuando, hasta que el pollo esté tierno y dorado.

5 Vierta el resto del adobo en una cazuela y caliéntelo a fuego lento sin dejar que rompa el hervor. Sirva las brochetas sobre un lecho de lechuga y adórnelas con gajos de limón. Acompáñelas con la salsa de yogur.

brochetas de pollo con hortalizas

ingredientes

para 4 personas

3 pechugas de pollo deshuesadas y sin piel, en dados
el zumo (jugo) de 1 lima (limón)
1 trozo de jengibre de 2,5 cm pelado y picado
1 guindilla (ají picante, pimiento chico, chile seco) roja fresca, despepitada (sin semillas) y en rodajas finas
2 cucharadas de aceite vegetal o de cacahuete (cacahuate, maní)
1 cebolla en rodajas
2 dientes de ajo picados
1 berenjena en trozos grandes
2 calabacines (zapallitos) en rodajas gruesas
1 pimiento (ají, morrón, chile) rojo despepitado (sin semillas) y en dados
2 cucharadas de pasta de curry rojo
2 cucharadas de salsa de soja tailandesa
1 cucharadita de azúcar de palma o azúcar moreno suave
arroz hervido y cilantro picado, para acompañar

preparación

1 Ponga el pollo en una fuente llana. Mezcle el zumo de lima, el jengibre y la guindilla, y échelo sobre el pollo. Remuévalo para que se impregne bien. Tápelo y déjelo adobar en el frigorífico al menos 3 horas.

2 Remoje entre 8 y 12 brochetas de madera 30 minutos en agua fría antes de utilizarlas para que no se quemen.

3 Ensarte los trozos de pollo en las brochetas de madera y áselo bajo el gratinador 3 o 4 minutos, dándole la vuelta varias veces, hasta que el pollo esté hecho.

4 Mientras tanto, caliente el aceite en un wok o una sartén grande y sofría la cebolla y el ajo 1 o 2 minutos, hasta que estén tiernos pero sin que se doren. Añada las hortalizas y rehóguelas 3 o 4 minutos, hasta que estén hechas pero aún consistentes. Incorpore la pasta de curry, la salsa de soja y el azúcar, y prosiga con la cocción 1 minuto.

5 Disponga las hortalizas calientes en una fuente, coloque las brochetas de pollo encima y adórnelas con cilantro picado.

alitas de pollo a la oriental

ingredientes

para 4 personas

8 alitas de pollo, cada una partida en 3 trozos
5 cucharadas de aceite de cacahuete (cacahuate, maní)
6 cucharadas de caldo de pollo o de agua
2 cucharadas de cilantro picado

adobo

$1^{1}/_{2}$ cucharadas de vino de arroz de Shaoxing o de jerez seco
1 cucharada de salsa de soja
1 cucharada de vinagre de arroz
$1^{1}/_{2}$ cucharadas de azúcar
$^{3}/_{4}$ de cucharadita de sal
$^{1}/_{8}$ de cucharadita de mezcla china de 5 especias
3 cucharadas de salsa hoisin
1 cucharadita de jengibre picado

preparación

1 Para preparar el adobo, mezcle en un bol el vino, la salsa de soja y el vinagre. Añada el azúcar, la sal y las especias chinas y remueva bien hasta que se disuelvan. Incorpore la salsa hoisin y el jengibre.

2 Ponga las alitas de pollo troceadas en una fuente llana y cúbralas con el adobo, dándoles la vuelta para que se impregnen bien. Déjelas adobar 1 hora a temperatura ambiente o toda la noche en el frigorífico.

3 Caliente un wok a fuego fuerte, vierta el aceite y, cuando esté a punto de humear, eche las alitas de pollo y el adobo. Saltéelas 5 minutos, rocíelas con 4 cucharadas del caldo y prosiga con la cocción 4 minutos más.

4 Con unas pinzas, pase las alitas a una fuente caliente y adórnelas con el cilantro. Deseche casi todo el aceite del wok y devuélvalo al fuego. Añada las 2 cucharadas restantes del caldo y remuévalas con una cuchara de madera para desglasar el jugo de la cocción. Vierta la salsa en un bol y sírvala con las alitas.

guisos y asados

pollo asado

ingredientes

para 4 personas

25 g de mantequilla (manteca) ablandada
1 diente de ajo bien picado
3 cucharadas de nueces tostadas bien picadas
1 cucharada de perejil picado
sal y pimienta
1 pollo entero y limpio, de unos 2 kg
1 lima (limón) en cuartos
2 cucharadas de aceite vegetal
1 cucharada de maicena (almidón de maíz)
2 cucharadas de agua
gajos de lima (limón) y ramitas de romero fresco, para adornar
patatas (papas) asadas y menestra de hortalizas recién cocidas, para acompañar

preparación

1 Mezcle 1 cucharada de la mantequilla con el ajo, las nueces y el perejil en un bol. Salpimiente. Separe la piel de la pechuga del pollo sin romperla. Extienda la mantequilla condimentada uniformemente entre la piel y la carne de la pechuga. Introduzca los gajos de lima dentro del pollo.

2 Ponga el aceite en una fuente refractaria. Coloque el pollo en la fuente y reparta la mantequilla restante por encima. Ase el pollo en el horno precalentado a 190 °C durante $1^{3}/_{4}$ horas, regándolo de vez en cuando con el jugo de la cocción, hasta que esté cocido y al pinchar la parte más gruesa con una brocheta salga un jugo claro. Saque el pollo del horno y déjelo reposar 10 minutos en una fuente de servir.

3 Disuelva la maicena en el agua y añádalo al jugo de la fuente de asar. Remueva a fuego lento hasta que la salsa se haya espesado, añadiendo más agua si fuera preciso. Adorne el pollo con los gajos de lima y las ramitas de romero. Sírvalo con patatas asadas y menestra de hortalizas recién cocidas y riéguelo con la salsa.

pollo con cebada perlada

ingredientes

para 4 personas

2 cucharadas de aceite vegetal
8 muslitos de pollo deshuesados
500 ml de caldo de pollo
100 g de cebada perlada enjuagada y escurrida
200 g de patatas (papas) nuevas pequeñas raspadas y partidas por la mitad a lo largo
2 zanahorias grandes peladas y en rodajas
1 puerro (poro) limpio y en rodajas
2 chalotes (echalotes, escalonias) en rodajas
1 cucharada de tomate (jitomate) concentrado
1 hoja de laurel
1 calabacín (zapallito) limpio y en rodajas
2 cucharadas de perejil picado, y unas ramitas para adornar
2 cucharadas de harina
4 cucharadas de agua
sal y pimienta

preparación

1 Caliente el aceite en una cazuela grande a fuego medio. Eche los muslos de pollo, rehóguelos 3 minutos, deles la vuelta y hágalos por el otro lado 2 minutos más. Incorpore el caldo, la cebada, la patata, la zanahoria, el puerro, el chalote, el tomate concentrado y el laurel. Llévelo a ebullición, baje el fuego y cuézalo 30 minutos.

2 Agregue el calabacín y el perejil picado, tape la cazuela y prosiga con la cocción 20 minutos más, o hasta que el pollo esté hecho. Retire y deseche el laurel.

3 En un bol, disuelva la harina en 4 cucharadas de agua y remueva hasta obtener una pasta homogénea. Échela en la cazuela y prosiga con la cocción 5 minutos más a fuego lento. Salpimiente.

4 Aparte la cazuela del fuego, pase el guiso a boles individuales y adórnelo con unas ramitas de perejil.

pollo con tomate y cebolla

ingredientes

para 4 personas

1½ cucharadas de mantequilla (manteca) sin sal
2 cucharadas de aceite de oliva
1,8 kg de muslos de pollo sin piel
2 cebollas rojas en rodajas
2 dientes de ajo bien picados
400 g de tomate (jitomate) triturado en conserva
2 cucharadas de perejil picado, y un poco más para adornar
6 hojas de albahaca troceadas
1 cucharada de pasta de tomates (jitomates) secados al sol
150 ml de vino tinto con cuerpo
225 g de champiñones laminados
sal y pimienta

preparación

1 Caliente la mantequilla y el aceite de oliva en una cazuela refractaria. Eche los muslos de pollo y rehóguelos, dándoles la vuelta a menudo, de 5 a 10 minutos, o hasta que se doren y queden sellados. Retírelos con una espumadera y páselos a una fuente.

2 Eche la cebolla y el ajo en la cazuela y sofríalos a fuego lento, removiendo de vez en cuando, 10 minutos, o hasta que se doren. Incorpore el tomate, el perejil, la albahaca, la pasta de tomate y el vino. Salpimiente.

3 Llévelo a ebullición, devuelva los muslos a la cazuela y mézclelos bien con la salsa. Tápelo y áselo en el horno precalentado a 160 °C 50 minutos.

4 Añada los champiñones y prosiga con la cocción unos 10 minutos más, o hasta que los muslos estén tiernos y al pinchar la parte más gruesa con una brocheta salga un jugo claro. Sírvalo enseguida adornado con perejil picado.

pollo con maíz y judías

ingredientes

para 6 personas

1,8 kg de pollo troceado
2 cucharadas de pimentón dulce
2 cucharadas de aceite de oliva
25 g de mantequilla (manteca)
450 g de cebollas picadas
2 pimientos (ajís, morrones, chiles) amarillos despepitados (sin semillas) y picados
400 g de tomate (jitomate) triturado en conserva
225 ml de vino blanco seco
450 ml de caldo de pollo
1 cucharada de salsa Worcestershire
1/2 cucharada de tabasco
1 cucharada de perejil bien picado
325 g de maíz (elote, choclo) dulce en conserva escurrido
425 g de judiones (frijoles grandes) en conserva escurridos y enjuagados
2 cucharadas de harina
4 cucharadas de agua
sal
ramitas de perejil, para adornar

preparación

1. Sazone el pollo con sal, pimienta y el pimentón.

2. Caliente el aceite y la mantequilla en una cazuela refractaria. Rehogue el pollo a fuego medio, dándole la vuelta, de 10 a 15 minutos, o hasta que se dore. Retírelo con una espumadera y resérvelo en una fuente.

3. Eche la cebolla y el pimiento en la cazuela. Sofríalos a fuego lento, removiendo de vez en cuando, 5 minutos, o hasta que se ablanden.

4. Incorpore el tomate, el vino, el caldo, la salsa Worcestershire, el tabasco y el perejil y llévelo a ebullición sin dejar de remover. Devuelva el pollo a la cazuela, tápelo y déjelo a fuego lento, removiendo de vez en cuando, 30 minutos.

5. Agregue el maíz y los judiones, tape a medias la cazuela y prosiga 30 minutos con la cocción. Mezcle la harina y el agua en un bol hasta obtener una pasta. Vierta un cazo del líquido de cocción caliente en la pasta de harina y, después, échelo en la cazuela. Cuézalo, removiendo a menudo, 5 minutos. Sírvalo adornado con perejil.

pollo asado con pesto de tomates secados al sol

ingredientes

para 4 personas

4 pechugas de pollo deshuesadas (unos 800 g en total)
1 cucharada de aceite de oliva
sal y pimienta
2 cucharadas de piñones un poco tostados, para adornar

pesto

125 g de tomates (jitomates) secados al sol en aceite, picados
2 dientes de ajo aplastados
4 cucharadas de piñones un poco tostados
150 ml de aceite de oliva virgen extra

preparación

1 Para preparar el pesto, ponga en el robot de cocina el tomate, el ajo, los piñones y el aceite. Tritúrelo todo hasta obtener una pasta granulada.

2 Disponga el pollo en una fuente refractaria o en la bandeja del horno. Unte las pechugas con aceite, cúbralas con 1 cucharada de pesto cada una y extiéndalo bien con el dorso de una cuchara. (El pesto que sobre puede guardarlo en un recipiente hermético en el frigorífico y consumirlo en 1 semana).

3 Ase el pollo en el horno precalentado a 200 °C durante 30 minutos, o hasta que esté tierno y al pinchar la parte más gruesa con una brocheta salga un jugo claro.

4 Sirva el pollo adornado con los piñones tostados.

variación

Antes de triturar los ingredientes del pesto, añada 12 aceitunas negras sin hueso picadas (bien escurridas y enjuagadas) y $1/2$ cucharada de aceite de oliva y mézclelo.

picantones a la canela con lentejas

ingredientes

para 4 personas

4 picantones enteros de unos 500 g cada uno
2 cucharadas de jarabe de arce
1 cucharada de canela molida
1 cucharada de aceite vegetal
100 ml de caldo de pollo bajo en sal
2 cebollas rojas en rodajas
1 cucharadita de semillas de comino
1 cucharadita de semillas de cilantro
1 cucharada de aceite de oliva
2 dientes de ajo aplastados
800 g de lentejas en conserva, escurridas y enjuagadas
1 cucharada de mantequilla (manteca) sin sal
2 cucharadas de perejil picado
pimienta
brécol (brócoli) o judías verdes (chauchas, ejotes) cocidos al vapor, para acompañar (opcional)

preparación

1 Ponga los picantones en una fuente refractaria. En un bol, mezcle el jarabe de arce, la canela y el aceite vegetal y unte las pechugas con el adobo. Vierta el caldo en la fuente y reparta las rodajas de cebolla alrededor de los picantones. Áselos en el horno precalentado a 190 °C durante 35 minutos.

2 Mientras tanto, caliente una sartén antiadherente a fuego medio y tueste las semillas de comino y de cilantro sin dejar de remover hasta que empiecen a desprender su aroma. Páselas a un mortero y májelas.

3 Caliente el aceite de oliva en una sartén a fuego lento. Sofría el ajo y las especias 1 o 2 minutos sin dejar de remover. Eche las lentejas y rehóguelas de 10 a 15 minutos, removiendo de vez en cuando.

4 Saque los picantones del horno y resérvelos calientes. Ponga la fuente en el fogón y lleve a ebullición el jugo de la cocción. Incorpore la mantequilla y la mitad del perejil y sazónelo con pimienta.

5 Para servir el plato, reparta las lentejas entre 4 platos calientes. Ponga un picantón en cada plato, rocíelos con la salsa y esparza por encima el perejil restante. Si lo desea, acompáñelo de brécol o judías verdes al vapor.

pollo a la lima

ingredientes

para 4 personas

4 pechugas de pollo con parte del hueso y sin piel, de unos 140 g cada una
la ralladura y el zumo (jugo) de 1 lima (limón)
1 cucharada de miel
1 cucharada de aceite de oliva
1 diente de ajo picado (opcional)
1 cucharada de tomillo fresco picado
pimienta
patatas (papas) nuevas cocidas y hortalizas de temporada salteadas, para acompañar

preparación

1 Ponga las pechugas de pollo en una fuente refractaria poco honda.

2 En un bol, mezcle el zumo y la ralladura de la lima con la miel, el aceite, el ajo si lo desea y el tomillo. Rocíe el pollo con el adobo y sazónelo con pimienta.

3 Ase el pollo en el horno precalentado a 190 °C, rociándolo con la salsa cada 10 minutos, de 35 a 40 minutos, o hasta que esté tierno y al pinchar la parte más gruesa de la pechuga con una brocheta salga un jugo claro. Si aún está rosado, vuelva a meter el pollo en el horno 5 minutos más y compruebe de nuevo la cocción. A medida que la carne se ase, el jugo vertido en la fuente se irá espesando y el pollo quedará cubierto de una capa sabrosa y viscosa.

4 Sírvalo con patatas nuevas cocidas y hortalizas de temporada salteadas.

pollo con puré de patata al azafrán

ingredientes

para 4 personas

500 g de patatas (papas) harinosas troceadas
1 diente de ajo pelado
1 cucharadita de hebras de azafrán majadas
1,25 litros de caldo de pollo o de verduras
4 pechugas de pollo deshuesadas, sin piel y sin grasa
2 cucharadas de aceite de oliva
1 cucharada de zumo (jugo) de limón
1 cucharada de tomillo fresco picado
1 cucharada de cilantro picado
1 cucharada de semillas de cilantro majadas
100 ml de leche desnatada (descremada) caliente
sal y pimienta
ramitas de tomillo fresco, para adornar

preparación

1. Ponga las patatas, el ajo y el azafrán en una olla de base gruesa, eche el caldo y llévelo a ebullición. Tápelo y déjelo cocer a fuego lento 20 minutos o hasta que las patatas estén tiernas.

2. Mientras tanto, unte las pechugas de pollo con la mitad del aceite de oliva y todo el zumo de limón. Cúbralas con el tomillo y el cilantro y las semillas de cilantro majadas. Caliente una plancha y ase el pollo a fuego medio-fuerte 5 minutos por cada lado, o hasta que el jugo salga claro al pincharlo con la punta de un cuchillo. Si lo prefiere, áselo 5 minutos por cada lado bajo el gratinador precalentado.

3. Escurra las patatas y devuélvalas a la olla. Añada el aceite restante y la leche, salpimiente y tritúrelo hasta obtener un puré fino. Reparta el puré de patata al azafrán entre 4 platos calientes, ponga una pechuga encima y adórnelo con unas ramitas de tomillo fresco. Sírvalo enseguida.

pollo al estragón

ingredientes

para 4 personas

4 pechugas de pollo deshuesadas y sin piel, de unos 175 g cada una
125 ml de vino blanco seco
250-300 ml de caldo de pollo
1 diente de ajo bien picado
1 cucharada de estragón seco
175 ml de nata (crema) extragrasa
1 cucharada de estragón fresco picado
sal y pimienta
ramitas de estragón fresco, para adornar

preparación

1. Salpimiente el pollo y póngalo en una sola capa en una sartén grande de base gruesa. Vierta el vino y caldo suficiente para cubrir el pollo, y añada el ajo y el estragón seco. Llévelo a ebullición, baje el fuego y déjelo cocer a fuego lento 10 minutos, o hasta que el pollo esté tierno y bien hecho por dentro.

2. Retire el pollo de la sartén con una espumadera, tápelo y resérvelo caliente. Cuele el jugo de la cocción sobre una sartén limpia y espume la grasa de la superficie. Llévelo a ebullición y déjelo cocer de 12 a 15 minutos, o hasta que se haya reducido en dos terceras partes.

3. Incorpore la nata, vuelva a llevarlo a ebullición y déjelo cocer hasta que se haya reducido a la mitad. Añada el estragón fresco. Corte las pechugas en lonchas y dispóngalas en platos calientes. Nápelas con la salsa, adórnelas con las ramitas de estragón y sírvalas enseguida.

pollo a la toscana

ingredientes

para 4 personas

2 cucharadas de harina
4 cuartos o porciones de pollo sin piel
3 cucharadas de aceite de oliva
1 cebolla roja picada
2 dientes de ajo bien picados
1 pimiento (ají, morrón, chile) rojo despepitado (sin semillas) y picado
1 pizca de azafrán en hebra
150 ml de caldo de pollo o una mezcla de caldo de pollo y vino blanco seco
400 g de tomates (jitomates) en conserva picados
4 tomates (jitomates) secados al sol en aceite, escurridos y picados
225 g de champiñones silvestres laminados
120 g de aceitunas negras sin hueso
4 cucharadas de zumo (jugo) de limón
sal y pimienta
hojas de albahaca, para adornar
cintas, fettuccine o tallarines y pan, para acompañar

preparación

1 Ponga la harina en un plato y salpimiéntela. Enharine el pollo y sacúdalo para retirar la que no haya quedado adherida. Caliente el aceite en una cazuela refractaria. Fría el pollo a fuego medio, dándole la vuelta a menudo, de 5 a 7 minutos, hasta que se dore. Retírelo y resérvelo.

2 Eche la cebolla, el ajo y el pimiento en la cazuela, baje el fuego y sofríalos, removiendo de vez en cuando, 5 minutos, hasta que se ablanden. Mientras tanto, eche el azafrán en el caldo.

3 Eche en la cazuela el tomate con el jugo de la lata, los tomates secados al sol, los champiñones y las aceitunas y déjelo cocer, removiendo de vez en cuando, 3 minutos. Cúbralo con el caldo al azafrán. Llévelo a ebullición y devuelva el pollo a la cazuela.

4 Tape la cazuela y cuézalo en el horno precalentado a 180 °C, durante 1 hora, o hasta que el pollo esté tierno. Adórnelo con la albahaca y sírvalo enseguida acompañado de pasta y pan.

pollo con queso de cabra y albahaca

ingredientes
para 4 personas

4 filetes de pechuga de pollo sin piel
100 g de queso de cabra tierno
1 manojito de albahaca
2 cucharadas de aceite de oliva
sal y pimienta

preparación

1 Con un cuchillo afilado, haga un corte longitudinal en uno de los bordes largos de cada filete y, después, ábralos para poder rellenarlos. Rellene cada pechuga con el queso y 3 o 4 hojas de albahaca. Selle las pechugas con palillos y salpimiéntelas.

2 Caliente el aceite en una sartén, eche el pollo y fríalo a fuego lento de 15 a 20 minutos, dándole la vuelta varias veces, hasta que esté dorado y tierno.

3 Sirva las pechugas calientes, adornadas con una ramita de albahaca.

gumbo de pollo

ingredientes

para 4-6 personas

- 1 pollo de 1,5 kg en 6 trozos
- 2 ramas de apio, 1 por la mitad y 1 bien picada
- 1 zanahoria troceada
- 2 cebollas, 1 en rodajas y 1 picada
- 2 hojas de laurel
- 4 cucharadas de aceite de cacahuete (cacahuate, maní)
- 50 g de harina
- 2 dientes grandes de ajo aplastados
- 1 pimiento (ají, morrón, chile) verde despepitado (sin semillas) y en dados
- 450 g de quingomboes (gumbos, okras, ajís turcos) limpios y en rodajas de 1 cm
- 225 g de salchichas andouille o kielbasa polacas, en rodajas
- 2 cucharadas de tomate (jitomate) concentrado
- 1 cucharadita de tomillo seco
- ½ cucharadita de cayena molida
- 400 g de tomate (jitomate) pelado en conserva
- sal y pimienta
- arroz largo hervido, para acompañar

preparación

1. Ponga el pollo en una olla, cúbralo con agua y llévelo a ebullición, espumando el caldo de vez en cuando. Baje el fuego a medio, añada la rama de apio partida por la mitad, la zanahoria, la cebolla en rodajas, 1 hoja de laurel y ¼ de cucharadita de sal y cuézalo unos 30 minutos, o hasta que el pollo esté tierno y al pinchar la parte más gruesa salga un jugo claro. Retírelo de la olla. Cuele el caldo y reserve 1 litro. Deseche la piel y los huesos del pollo y los ingredientes restantes. Trocéelo y resérvelo.

2. Caliente el aceite en una cazuela grande. A fuego lento, eche la harina y remuévala para obtener un roux. Añada el apio y la cebolla picados, el ajo, el pimiento y el quingombó. Suba el fuego a medio-alto y rehogue las hortalizas, removiendo a menudo, 5 minutos. Agregue la salchicha y prosiga con la cocción, removiendo, 2 minutos más. Incorpore los ingredientes restantes, excepto el pollo e incluidos la otra hoja de laurel y el caldo reservado.

3. Llévelo a ebullición, baje el fuego a medio-lento, tape la cazuela y cuézalo 30 minutos, removiendo de vez en cuando. Añada el pollo y prosiga con la cocción otros 30 minutos. Deseche el laurel, disponga el gumbo sobre el arroz y sírvalo.

pollo al vino blanco

ingredientes

para 4 personas

55 g de mantequilla (manteca)
2 cucharadas de aceite de oliva
2 lonchas (lonjas) de panceta (tocino, beicon) sin la corteza y picadas
115 g de cebollitas peladas
1 diente de ajo bien picado
1,8 kg de pollo troceado
400 ml de vino tinto seco
300 ml de caldo de pollo
1 ramillete de hierbas aromáticas
115 g de champiñones pequeños
25 g de harina
sal y pimienta
hierbas aromáticas variadas, para adornar

preparación

1 Funda la mantequilla con el aceite en una cazuela refractaria. Rehogue la panceta de 5 a 10 minutos, o hasta que se dore, y resérvela en una fuente. En la misma cazuela, sofría la cebolla y el ajo a fuego lento 10 minutos, o hasta que se doren, y resérvelos en la misma fuente que el pollo.

2 Eche el pollo y rehóguelo a fuego medio, sin dejar de remover, de 8 a 10 minutos, o hasta que se dore. Resérvelo en la fuente. Escurra el exceso de grasa de la cazuela. Eche el vino y el caldo, llévelo a ebullición y desglase el jugo de cocción. Eche el ramillete de hierbas y salpimiente. Devuelva la panceta, la cebolla y el pollo a la cazuela. Tápela y cuézalo en el horno precalentado a 160 °C durante 1 hora. Agregue los champiñones, tápela de nuevo y prosiga con la cocción 15 minutos más. Mientras tanto, mezcle la mantequilla restante con la harina en un bol.

3 Saque la cazuela del horno y póngala en el fogón a fuego medio. Deseche el ramillete de hierbas. Incorpore la pasta de mantequilla de forma gradual. Llévelo a ebullición sin dejar de remover y sírvalo adornado con hierbas.

tajín de pollo

ingredientes

para 4 personas

1 cucharada de aceite de oliva
1 cebolla en gajos pequeños
2-4 dientes de ajo laminados
450 g de pechugas de pollo deshuesadas y sin piel, en dados
1 cucharadita de comino molido
2 ramitas de canela un poco majadas
1 cucharada de harina integral
225 g de berenjenas en dados
1 pimiento (ají, morrón, chile) rojo despepitado (sin semillas) y picado
85 g de champiñones pequeños laminados
1 cucharada de tomate (jitomate) concentrado
600 ml de caldo de pollo
280 g de garbanzos (chícharos) cocidos
55 g de orejones de albaricoque (damasco) troceados
sal y pimienta
1 cucharada de cilantro picado, para adornar

preparación

1 Caliente el aceite en una cazuela a fuego medio y sofría la cebolla y el ajo 3 minutos, removiendo a menudo. Añada el pollo y rehóguelo, sin dejar de remover, 5 minutos o hasta que esté sellado por todos los lados. A media cocción, incorpore el comino y la canela.

2 Espolvoree la harina por encima y siga removiendo durante 2 minutos más.

3 Agregue la berenjena, el pimiento y los champiñones y rehóguelos 2 minutos sin dejar de remover. Diluya el tomate concentrado en el caldo, échelo en la cazuela y llévelo a ebullición. Baje el fuego y añada los garbanzos y los orejones. Tápelo y déjelo cocer de 15 a 20 minutos, o hasta que el pollo esté tierno.

4 Salpimiente el guiso y sírvalo enseguida adornado con el cilantro.

pollo al estilo de florida

ingredientes

para 4 personas

450 g de pollo deshuesado y sin piel
1½ cucharadas de harina
1 cucharada de aceite de oliva
1 cebolla en gajos
2 ramas de apio en rodajas
150 ml de zumo (jugo) de naranja
300 ml de caldo de pollo
1 cucharada de salsa de soja clara
1-2 cucharaditas de miel fluida
1 cucharada de ralladura de naranja
1 pimiento (ají, morrón, chile) naranja despepitado (sin semillas) y picado
225 g de calabacines (zapallitos) en medias rodajas
2 mazorcas de maíz (elote, choclo) pequeñas por la mitad
1 naranja pelada y en gajos
sal y pimienta
1 cucharada de perejil picado, para adornar

preparación

1 Enjuague el pollo, séquelo con papel absorbente y córtelo en trozos del tamaño de un bocado. Salpimiente la harina, reboce el pollo en ella y reserve la que sobre.

2 Caliente el aceite en una sartén de base gruesa y rehogue el pollo a fuego fuerte, removiendo a menudo, 5 minutos o hasta que se dore y quede sellado. Retírelo con una espumadera y resérvelo en una fuente. Sofría la cebolla y el apio en la sartén a fuego medio, removiendo, 5 minutos o hasta que se ablanden. Espolvoréelo con la harina reservada, prosiga con la cocción 2 minutos más y aparte la sartén del fuego. Incorpore poco a poco el zumo de naranja, el caldo, la salsa de soja, la miel y, por último, la ralladura de naranja. Devuelva la sartén al fuego y llévelo a ebullición sin dejar de remover.

3 Ponga de nuevo el pollo en la sartén. Baje el fuego, tápelo y cuézalo, removiendo, 15 minutos. Añada el pimiento, el calabacín y las mazorcas y prosiga con la cocción 10 minutos más, o hasta que el pollo y las hortalizas estén tiernos. Incorpore los gajos de naranja, remueva bien y caliéntelos 1 minuto. Sírvalo adornado con el perejil picado.

pollo con patata y guindilla a la mexicana

ingredientes

para 4 personas

2 cucharadas de aceite vegetal
450 g de pechugas de pollo deshuesadas y sin piel, en dados
1 cebolla bien picada
1 pimiento (ají, morrón, chile) verde despepitado (sin semillas) y bien picado
1 patata (papa) en dados
1 boniato (papa dulce o batata) en dados
2 dientes de ajo bien picados
1-2 guindillas (ajís picantes, pimientos chicos, chiles secos) verdes frescas, despepitadas (sin semillas) y bien picadas
200 g de tomate (jitomate) triturado en conserva
½ cucharadita de orégano
½ cucharadita de sal
¼ de cucharadita de pimienta
4 cucharadas de cilantro picado
450 ml de caldo de pollo

preparación

1 Caliente el aceite a fuego medio-fuerte en una cazuela grande de base gruesa. Rehogue el pollo hasta que empiece a dorarse y baje el fuego a medio. Añada la cebolla, el pimiento, la patata y el boniato. Tápelo y rehogue las hortalizas, removiendo de vez en cuando, 5 minutos o hasta que empiecen a ablandarse.

2 Agregue el ajo y la guindilla y rehóguelos 1 minuto. Incorpore el tomate, el orégano, sal, pimienta y la mitad del cilantro y prosiga con la cocción 1 minuto más. Cúbralo con el caldo. Llévelo a ebullición, tápelo y cuézalo a fuego medio-lento de 15 a 20 minutos, o hasta que el pollo esté hecho y las hortalizas estén tiernas.

3 Adórnelo con el cilantro restante antes de servirlo.

pollo al vino tinto

ingredientes

para 4 personas

2 cucharadas de mantequilla (manteca)
8 cebollitas
125 g de panceta (tocino, beicon) picada gruesa
4 muslos y contramuslos de pollo
1 diente de ajo bien picado
12 champiñones cerrados
300 ml de vino tinto
1 ramillete de hierbas aromáticas
1 cucharada de estragón fresco picado
sal y pimienta
2 cucharaditas de maicena (almidón de maíz)
1-2 cucharaditas de agua fría
ramitas de perejil, para adornar
rodajas de patatas (papas) salteadas, para acompañar

preparación

1 Funda la mitad de la mantequilla en una sartén grande a fuego medio. Eche las cebollitas y la panceta y rehóguelas, removiendo, 3 minutos. Retírelos con una espumadera y resérvelos.

2 Funda la mantequilla restante en la sartén y eche el pollo. Rehóguelo 3 minutos, dele la vuelta y hágalo por el otro lado 2 minutos más. Escurra parte de la grasa y devuelva la panceta y la cebolla a la sartén. Incorpore el ajo, los champiñones, el vino, el ramillete de hierbas y el estragón. Salpimiente. Déjelo cocer 1 hora, o hasta que el pollo esté bien hecho.

3 Aparte la sartén del fuego, retire el pollo, la cebolla, la panceta y los champiñones con una espumadera, páselos a una fuente y resérvelos calientes. Deseche el ramillete de hierbas.

4 Disuelva la maicena con agua suficiente para obtener una pasta e incorpórela al jugo de la sartén. Llévelo a ebullición, baje el fuego y remueva 1 minuto. Vierta la salsa sobre el pollo, adórnelo con el perejil y sírvalo acompañado de rodajas de patata salteadas.

pollo con arroz al azafrán

ingredientes

para 4 personas

1 cucharada de harina
4 cuartos de pollo con la piel
2 cucharadas de aceite de oliva
2 dientes de ajo aplastados
1 cebolla grande en rodajas finas
750 ml de caldo de pollo bajo en sal
1/2 cucharadita de azafrán en hebra
2 pimientos (ajís, morrones, chiles) amarillos despepitados (sin semillas) y troceados
2 limones en conserva cuarteados
250 g de arroz basmati integral
pimienta blanca
12 aceitunas verdes rellenas de pimiento (ají, morrón, chile)
perejil picado, para adornar
ensalada verde, para acompañar (opcional)

preparación

1. Ponga la harina en una bolsa de plástico grande. Meta el pollo, átela con un nudo y sacúdala para que el pollo quede bien enharinado.

2. Caliente el aceite en una sartén grande a fuego lento y sofría los ajos 1 minuto sin dejar de remover. Eche el pollo y rehóguelo a fuego medio, dándole la vuelta a menudo, 5 minutos o hasta que la piel comience a dorarse. Retírelo con una espumadera y resérvelo. En la misma sartén, sofría la cebolla 10 minutos o hasta que esté tierna, removiendo de vez en cuando.

3. Mientras tanto, caliente el caldo con el azafrán en una cazuela a fuego lento.

4. Ponga el pollo y la cebolla en una fuente grande refractaria y añada el pimiento, el limón, el arroz y, por último, el caldo. Mézclelo todo y sazónelo con pimienta.

5. Tápelo y cuézalo en el horno precalentado a 180 °C durante 50 minutos, o hasta que el pollo esté hecho y tierno. Baje la temperatura a 160 °C. Incorpore las aceitunas y prosiga con la cocción 10 minutos más.

6. Sírvalo adornado con perejil picado y, si lo desea, acompañado de ensalada verde.

pollo al estilo de luisiana

ingredientes

para 4 personas

- 5 cucharadas de aceite de maíz (elote, choclo)
- 4 porciones de pollo
- 6 cucharadas de harina
- 1 cebolla picada
- 2 ramas de apio en rodajas
- 1 pimiento (ají, morrón, chile) verde despepitado (sin semillas) y picado
- 2 dientes de ajo bien picados
- 2 cucharaditas de tomillo fresco picado
- 2 guindillas (ajís picantes, pimientos chicos, chiles secos) rojas frescas, despepitadas (sin semillas) y bien picadas
- 400 g de tomate (jitomate) triturado en conserva
- 300 ml de caldo de pollo
- sal y pimienta
- canónigos y tomillo fresco picado, para adornar

preparación

1 Caliente el aceite en una sartén de base gruesa o una cazuela refractaria. Rehogue el pollo a fuego medio, removiendo, de 5 a 10 minutos, o hasta que se dore. Retírelo con una espumadera y resérvelo en una fuente.

2 Rehogue la harina en el aceite a fuego mínimo, sin dejar de remover, 15 minutos o hasta que se dore. Vigílelo bien para que no se queme. Añada la cebolla, el apio y el pimiento y rehóguelos 2 minutos. Agregue el ajo, el tomillo y la guindilla y remueva 1 minuto más.

3 Incorpore el tomate con su jugo y, a continuación, vierta poco a poco el caldo. Devuelva el pollo a la sartén, tápela y déjelo cocer 45 minutos, o hasta que el pollo esté hecho por dentro y tierno. Salpimiéntelo, páselo a platos calientes y sírvalo enseguida, adornado con canónigos y tomillo fresco picado.

pollo a la guindilla

ingredientes

para 4 personas

- 1 cucharada de pasta de curry
- 2 guindillas (ajís picantes, pimientos chicos, chiles secos) verdes frescas picadas y 5 rojas secas
- 2 cucharadas de tomate (jitomate) concentrado
- 2 dientes de ajo picados
- 1 cucharadita de guindilla (ají picante, pimiento chico, chile seco) molida
- 1 pizca de azúcar y 1 de sal
- 2 cucharadas de aceite de cacahuete (cacahuate, maní) o de maíz (elote, choclo)
- $1/2$ cucharadita de semillas de comino
- 1 cebolla picada y 2 hojas de curry
- 1 cucharadita de comino, 1 de cilantro y $1/2$ de cúrcuma molidos
- 400 g de tomate (jitomate) triturado en conserva
- 150 ml de caldo de pollo
- 4 pechugas de pollo deshuesadas y sin piel
- 1 cucharadita de garam masala
- arroz recién hervido y tzatziki, para acompañar

preparación

1 Para preparar la pasta de guindilla, ponga la pasta de curry, las guindillas frescas y secas, el tomate concentrado, el ajo, la guindilla molida, el azúcar y la sal en la batidora o el robot de cocina. Tritúrelo hasta obtener una pasta homogénea.

2 Caliente el aceite en una cazuela grande de base gruesa. Tueste las semillas de comino a fuego medio, sin dejar de remover, 2 minutos o hasta que empiecen a chisporrotear y desprendan su aroma. Añada la cebolla y las hojas de curry y rehóguelas 5 minutos, removiendo.

3 Eche la pasta de guindilla y caliéntela 2 minutos. Añada el comino, el cilantro y la cúrcuma y prosiga con la cocción 2 minutos más.

4 Agregue el tomate con su jugo y el caldo y remueva. Llévelo a ebullición y después cuézalo a fuego lento 5 minutos. Añada el pollo y el garam masala, tape la cazuela y déjelo cocer a fuego lento 20 minutos, o hasta que el pollo esté hecho por dentro y tierno. Sírvalo enseguida con arroz recién hervido y tzatziki.

pollo a la cazadora

ingredientes

para 4 personas

3 cucharadas de aceite de oliva
1,8 kg de pollo sin piel troceado
2 cebollas rojas en rodajas
2 dientes de ajo bien picados
400 g de tomate (jitomate) triturado en conserva
2 cucharadas de perejil picado
1 cucharada de pasta de tomates (jitomates) secados al sol
150 ml de vino tinto
6 hojas de albahaca desmenuzadas
sal y pimienta
ramitas de albahaca, para adornar
pasta, para acompañar

preparación

1 Caliente el aceite en una cazuela refractaria. Rehogue el pollo a fuego medio, removiendo, de 5 a 10 minutos, o hasta que se dore. Retírelo con una espumadera y resérvelo en una fuente.

2 Eche la cebolla y el ajo en la cazuela y sofríalos a fuego lento, removiendo de vez en cuando, 10 minutos, o hasta que se doren. Incorpore el tomate, el perejil, la pasta de tomate y el vino y las hojas de albahaca. Salpimiente.

3 Llévelo a ebullición, devuelva el pollo a la cazuela y mézclelo con la salsa. Tápelo y cuézalo en el horno precalentado a 160 °C durante 1 hora, o hasta que el pollo esté hecho y tierno. Adórnelo con unas ramitas de albahaca y sírvalo enseguida acompañado de pasta.

pollo al vapor con mantequilla de guindilla y cilantro

ingredientes

para 4 personas

50 g de mantequilla (manteca) ablandada
1 guindilla (ají picante, pimiento chico, chile seco) tailandesa fresca, despepitada (sin semillas) y picada
3 cucharadas de cilantro picado
4 pechugas de pollo deshuesadas y sin piel, de unos 175 g cada una
400 ml de leche de coco
350 ml de caldo de pollo
200 g de arroz basmati

encurtidos

1 zanahoria
$1/2$ pepino
3 cebolletas (cebollas tiernas o de verdeo)
2 cucharadas de vinagre de arroz
sal y pimienta

preparación

1 Mezcle la mantequilla con la guindilla y el cilantro. Haga un corte profundo en el lado más largo de las pechugas para poder rellenarlas. Rellénelas con una cuarta parte de la mantequilla condimentada y póngalas cada una sobre un trozo cuadrado de papel vegetal de 30 cm.

2 Salpimiente las pechugas. Junte dos extremos opuestos del papel y dóblelos para encerrar el envoltorio. Retuerza bien los extremos. Vierta la leche de coco y el caldo en una cazuela grande equipada con una vaporera y llévelo a ebullición.

3 Ponga el arroz y una pizca de sal en la cazuela. Coloque los paquetitos de pollo en la vaporera y cuézalos de 15 a 18 minutos, removiendo el arroz una vez, hasta que el arroz esté tierno y el pollo, hecho. Mientras tanto, pele la zanahoria y córtela en juliana junto con el pepino y las cebolletas. Rocíe las hortalizas con el vinagre.

4 Desenvuelva las pechugas, reservando el jugo, y córtelas por la mitad al bies. Sirva el pollo sobre el arroz, rocíelo con el jugo y disponga los encurtidos a un lado.

pollo asado con olivada

ingredientes

para 4 personas

4 pechugas de pollo deshuesadas y sin piel
4 cucharadas de olivada de aceitunas verdes
8 lonchas (lonjas) finas de beicon (tocino, panceta)
2 dientes de ajo picados gruesos
250 g de tomates (jitomates) cherry por la mitad
125 ml de vino blanco seco
2 cucharadas de aceite de oliva
8 rebanadas de chapata (pancito francés)
sal y pimienta

preparación

1 Ponga las pechugas sobre una tabla de cocina y haga tres cortes profundos en cada una. Extienda 1 cucharada de olivada sobre cada pechuga, introduciéndola en los cortes con una espátula.

2 Albarde cada pechuga con 2 lonchas de beicon. Colóquelas en una fuente de horno llana y disponga el ajo y el tomate alrededor. Salpimiente y riéguelo con el vino y 1 cucharada del aceite.

3 Áselo en el horno precalentado a 220 °C unos 20 minutos, hasta que al pinchar las pechugas con una brocheta salga un jugo claro. Tape la fuente de forma holgada con papel de aluminio y déjelo reposar 5 minutos.

4 Unte la chapata con el aceite restante y tuéstela bajo el gratinador 2 o 3 minutos, dándole la vuelta una vez, hasta que se dore.

5 Reparta el pollo y el tomate entre 4 platos y eche el jugo de la cocción por encima. Sírvalo con la chapata tostada.

korma de pollo con pistachos

ingredientes

para 4 personas

700 g de pechugas o muslos de pollo deshuesados, sin piel y en dados de 2,5 cm
1 cucharadita de sal, o al gusto, y $1/2$ de pimienta, el zumo (jugo) de $1/2$ limón y 55 g de ghee o mantequilla (manteca) sin sal
6 vainas de cardamomo verde
1 cebolla grande bien picada
2 cucharaditas de ajo triturado y 2 de puré de jengibre, 1 cucharada de cilantro molido y $1/2$ cucharadita de guindilla (ají picante, pimiento chico, chile seco) molida
280 g de yogur natural batido
1 buena pizca de azafrán en hebra, machacado y remojado en 2 cucharadas de leche caliente
115 g de pistachos pelados y remojados 20 minutos en agua hirviendo
200 ml de agua hirviendo y 150 ml de nata líquida (crema de leche)
2 cucharadas de agua de rosas
6-8 pétalos de rosa, para adornar
arroz basmati recién hervido y gajos de limón, para servir

preparación

1 Ponga el pollo en un cuenco de loza o de cristal con la sal, la pimienta y el zumo de limón. Rocíelo bien con el adobo, tápelo y déjelo reposar en un lugar frío durante 30 minutos.

2 Funda el ghee en una cazuela mediana de base gruesa a fuego lento y eche las vainas de cardamomo. Cuando se hinchen, agregue la cebolla, suba el fuego a medio y sofríala hasta que empiece a dorarse. Incorpore el ajo y el jengibre y rehóguelo 2 o 3 minutos más. Añada el cilantro y la guindilla molida y prosiga con la cocción 30 segundos. Agregue el pollo, suba el fuego a medio-fuerte y rehóguelo, sin dejar de remover, 5 o 6 minutos, hasta que cambie de color.

3 Baje el fuego e incorpore el yogur y la mezcla de azafrán y leche. Llévelo a ebullición a fuego lento y cuézalo 15 minutos, removiendo un poco para que no se pegue.

4 Mientras tanto, triture en la batidora o el robot de cocina los pistachos con el agua de remojo. Eche el puré en la cazuela y, después, también la nata. Tápelo y cuézalo, removiendo de vez en cuando, de 15 a 20 minutos más. Incorpore el agua de rosas y aparte la cazuela del fuego. Adórnelo con los pétalos de rosa y sírvalo con arroz basmati y gajos de limón.

pollo con salsa de nuez

ingredientes

para 4 personas

4-8 trozos de pollo sin piel
1/2 limón sin pelar y en gajos
3 cucharadas de aceite de oliva
150 ml de vino blanco seco
300 ml de caldo de pollo
1 hoja de laurel
100 g de nueces troceadas
2 dientes de ajo
150 ml de yogur griego (natural)
sal y pimienta
perejil picado, para adornar
arroz o pilaf y pan de pita,
  para acompañar

preparación

1. Frote el pollo con el limón. Caliente el aceite en una sartén grande y rehogue el pollo a fuego fuerte hasta que comience a dorarse uniformemente.

2. Vierta el vino en la sartén y llévelo a ebullición. Agregue el caldo y el laurel, salpimiente y deje que hierva a fuego lento unos 20 minutos, dándole la vuelta al pollo varias veces, hasta que esté tierno.

3. Mientras tanto, triture las nueces y el ajo en el robot de cocina hasta obtener una pasta más bien homogénea.

4. Cuando el pollo esté hecho, páselo a una fuente precalentada y resérvelo caliente. Incorpore la pasta de nueces y el yogur al jugo de la cazuela y cuézalo a fuego lento unos 5 minutos, hasta que la salsa se espese lo suficiente. (No deje que rompa el hervor porque podría cortarse). Salpimiente.

5. Nape el pollo con la salsa de nuez y adórnelo con perejil picado. Sírvalo caliente con arroz o pilaf y pan de pita.

pollo al estilo de kiev

ingredientes
para 4 personas

4 cucharadas de mantequilla (manteca) ablandada
1 diente de ajo bien picado
1 cucharada de perejil bien picado
1 cucharada de orégano fresco bien picado
4 pechugas de pollo deshuesadas
85 g de miga de pan blanco o integral
3 cucharadas de parmesano recién rallado
1 huevo batido
250 ml de aceite vegetal, para freír
sal y pimienta
rodajas de limón y ramitas de perejil, para adornar
patatitas (papas pequeñas) nuevas cocidas con piel y menestra de hortalizas, para acompañar

preparación

1 En un bol, mezcle bien la mantequilla y el ajo, incorpore las hierbas picadas y salpimiente. Golpee las pechugas con una maza de cocina hasta que tengan un grosor uniforme y ponga 1 cucharada de mantequilla condimentada en el centro de cada una. Doble los costados para encerrar el relleno y sujételas con palillos.

2 Mezcle en un plato la miga de pan con el parmesano. Reboce las pechugas primero con el huevo batido y después con el pan. Póngalas en una fuente, tápelas y refrigérelas 30 minutos. A continuación, sáquelas del frigorífico y vuelva a rebozarlas con el huevo y el pan.

3 Vierta en una freidora aceite suficiente para cubrir el pollo. Caliéntelo a 180 o 190 °C, o hasta que al echar un dado de pan se dore en 30 segundos. Fría las pechugas 5 minutos, o hasta que estén hechas por dentro. Retírelas y déjelas escurrir sobre papel absorbente.

4 Reparta las pechugas entre 4 platos, adórnelas con rodajas de limón y ramitas de perejil, y sírvalas acompañadas de patatas cocidas y menestra de hortalizas.

fricasé de pollo

ingredientes

para 4 personas

1 cucharada de harina
sal y pimienta blanca
4 pechugas de pollo deshuesadas y sin piel, de unos 140 g cada una, sin grasa y en dados de 2 cm
1 cucharada de aceite de girasol o de maíz (elote, choclo)
8 cebollitas
2 dientes de ajo aplastados
250 ml de caldo de pollo
2 zanahorias en dados
2 ramas de apio en dados
225 g de guisantes (arvejas, chícharos) congelados
1 pimiento (ají, morrón, chile) amarillo despepitado (sin semillas) y en dados
115 g de champiñones laminados
125 ml de yogur natural desnatado (descremado)
3 cucharadas de perejil picado

preparación

1. Ponga la harina en un plato y salpimiéntela. Reboce el pollo. Caliente el aceite en una cazuela de base gruesa. Sofría las cebollitas y el ajo a fuego lento, removiendo de vez en cuando, 5 minutos. Incorpore el pollo y rehóguelo, removiendo, 10 minutos o hasta que empiece a dorarse.

2. Vierta el caldo poco a poco y luego añada la zanahoria, el apio y los guisantes. Llévelo a ebullición, baje el fuego, tápelo y cuézalo a esta misma temperatura 5 minutos. Agregue el pimiento y los champiñones, tápelo de nuevo y cuézalo 10 minutos más.

3. Incorpore el yogur y el perejil y salpimiente. Caliéntelo 1 o 2 minutos, páselo a 4 platos grandes calientes y sírvalo enseguida.

pasta

nidos de fideos con ensalada de pollo a la lima

ingredientes

para 4 personas

aceite de cacahuete (cacahuate, maní) o de girasol, para freír y engrasar
250 g de fideos al huevo frescos, de grosor fino o medio

ensalada de pollo a la lima
6 cucharadas de nata (crema) agria
6 cucharadas de mayonesa
1 trozo de jengibre de 2,5 cm pelado y rallado
la ralladura y el zumo (jugo) de 1 lima (limón)
4 muslos de pollo deshuesados, sin piel, escalfados y enfriados, en tiras finas
1 zanahoria pelada y rallada
1 pepino por la mitad a lo largo, despepitado (sin semillas) y en rodajas
1 cucharada de cilantro picado, 1 de menta picada y 1 de perejil picado
hojas de albahaca troceadas
sal y pimienta

preparación

1 Para dar forma a los nidos de pasta necesitará un juego especial de 2 cestas de alambre con mango que van una dentro de la otra. Sumerja la cesta más grande en aceite y fórrela con una cuarta parte de los fideos enroscados. Sumerja la otra cesta en aceite, colóquela dentro de la más grande y ajústela.

2 Caliente 10 cm de aceite en un wok o una freidora a 180 o 190 °C, o hasta que al echar un dado de pan se dore en 30 segundos. Sumerja las cestas en el aceite caliente 2 o 3 minutos, o hasta que se doren los fideos, y escúrralas sobre papel absorbente. Desmonte las cestas y retire la más pequeña, si fuera preciso con la ayuda de un cuchillo de punta roma. Repita la operación para obtener 3 nidos más y déjelos enfriar.

3 Para preparar la ensalada, mezcle la nata con la mayonesa, el jengibre y la ralladura de lima. Vierta zumo de lima hasta lograr el punto de acidez deseado. Añada el pollo, la zanahoria y el pepino, y salpimiente. Tápelo y refrigérelo. Antes de servir, incorpore las hierbas y rellene los nidos con la ensalada.

yaki soba

ingredientes

para 2 personas

400 g de fideos ramen
1 cebolla en rodajas finas
200 g de brotes de soja
1 pimiento (ají, morrón, chile) rojo despepitado (sin semillas) y en rodajas finas
1 pechuga de pollo cocida, deshuesada y con piel, de unos 150 g, en lonchas (lonjas)
12 gambas (camarones) cocidas peladas
1 cucharada de aceite de cacahuete (cacahuate, maní)
2 cucharadas de shoyu (salsa de soja japonesa)
$1/2$ cucharada de mirin
1 cucharadita de aceite de sésamo (ajonjolí)
1 cucharadita de semillas de sésamo (ajonjolí) tostadas
2 cebolletas (cebollas tiernas o de verdeo) en rodajas finas

preparación

1 Cueza los fideos según las instrucciones del envase. Escúrralos bien y póngalos en un cuenco.

2 Aparte, mezcle la cebolla con los brotes de soja, el pimiento, el pollo y las gambas. Incorpore los ingredientes a los fideos.

3 Caliente un wok a fuego fuerte y eche el aceite de cacahuete. Saltee los fideos 4 minutos, o hasta que se doren. Agregue el mirin y el aceite de sésamo y mézclelo bien.

4 Repártalo entre 2 boles, esparza el sésamo y la cebolleta por encima y sírvalo enseguida.

pollo teriyaki con fideos al sésamo

ingredientes
para 4 personas

4 pechugas de pollo deshuesadas, de unos 175 g cada una, con o sin piel
unas 4 cucharadas de salsa teriyaki
aceite de cacahuete (cacahuate, maní) o de maíz (elote, choclo)
abanicos de pepino, para adornar

fideos al sésamo

250 g de fideos finos de alforfón (trigo sarraceno) secos
1 cucharada de aceite de sésamo (ajonjolí) tostado
2 cucharadas de semillas de sésamo (ajonjolí) tostadas
2 cucharadas de perejil picado
sal y pimienta

preparación

1 Con un cuchillo afilado, haga 3 incisiones al bies en cada pechuga y úntelas con salsa teriyaki. Déjelas macerar al menos 10 minutos.

2 Cuando vaya a asar las pechugas, precaliente el gratinador al máximo. Lleve una cazuela con agua a ebullición y hierva los fideos 3 minutos, hasta que estén cocidos, o bien siga las instrucciones del envase. Escúrralos, enjuáguelos con agua fría para detener la cocción y eliminar el exceso de almidón y vuelva a escurrirlos.

3 Unte la parrilla del gratinador con un poco de aceite. Ponga las pechugas con la piel hacia arriba y úntelas con un poco de salsa teriyaki. Áselas a unos 10 cm del fuego, remojándolas de vez en cuando con la salsa, 15 minutos o hasta que estén hechas y al pincharlas salga un jugo claro.

4 Mientras tanto, caliente un wok o una sartén a fuego fuerte y eche el aceite de sésamo. Cuando esté caliente, eche los fideos, remueva e incorpore las semillas de sésamo y el perejil. Salpimiente. Sirva las pechugas en platos y acompáñelas de una ración de fideos cada una. Adórnelo con abanicos de pepino.

chow mein de pollo

ingredientes
para 4 personas

250 g de fideos al huevo de grosor medio
2 cucharadas de aceite de girasol
280 g de pechugas de pollo cocidas, en tiras finas
1 diente de ajo bien picado
1 pimiento (ají, morrón, chile) rojo despepitado (sin semillas) y en rodajas finas
100 g de setas (hongos) shiitake laminadas
6 cebolletas (cebollas tiernas o de verdeo) en rodajas
100 g de brotes de soja
3 cucharadas de salsa de soja
1 cucharada de aceite de sésamo (ajonjolí)

preparación

1 Ponga los fideos en un cuenco o una fuente y pártalos en trozos más pequeños Cúbralos con agua hirviendo y déjelos en remojo mientras prepara el resto de los ingredientes.

2 Precaliente un wok a fuego medio. Eche el aceite de girasol y gire el wok para engrasar las paredes. Cuando el aceite esté bien caliente, saltee 5 minutos el pollo con el ajo, el pimiento, las setas, la cebolleta y los brotes de soja.

3 Escurra bien los fideos, échelos en el wok, remueva y saltéelo todo 5 minutos más. Rocíelo con la salsa de soja y el aceite de sésamo y remueva para que quede todo bien mezclado.

4 Pase el chow mein de pollo a cuencos individuales calientes y sírvalo enseguida.

variación
Añada 1 cucharadita de mezcla china de cinco especias al wok antes de incorporar el pollo y remuévalo unos segundos para que desprenda el aroma.

pollo con hortalizas

ingredientes

para 4 personas

250 g de fideos chinos al huevo secos y de grosor medio
2 cucharadas de aceite de cacahuete (cacahuate, maní) o de maíz (elote, choclo)
1 diente grande de ajo aplastado
1 guindilla (ají picante, pimiento chico, chile seco) verde fresca, despepitada (sin semillas) y en rodajas
1 cucharada de mezcla china de cinco especias
2 pechugas de pollo deshuesadas y sin piel, en tiras finas
2 pimientos (ajís, morrones, chiles) verdes despepitados (sin semillas) y en rodajas
115 g de brécol (brócoli) en ramitos
55 g de judías verdes (chauchas, ejotes) despuntadas y en trozos de 4 cm
5 cucharadas de caldo de verduras o de pollo, 2 de salsa de ostras, 2 de salsa de soja y 1 de vino de arroz de Shaoxing o jerez seco
55 g de brotes de soja

preparación

1 Cueza los fideos en una cazuela con agua hirviendo 4 minutos, hasta que estén tiernos, o bien siga las instrucciones del envase. Escúrralos, páselos por agua fría y vuelva a escurrirlos. Resérvelos.

2 Caliente un wok o una sartén grande a fuego fuerte. Eche 1 cucharada del aceite y caliéntelo hasta que esté reluciente. Saltee el ajo, la guindilla y la mezcla de especias unos 30 segundos.

3 Añada el pollo y saltéelo 3 minutos, o hasta que esté bien hecho por dentro. Retírelo con una espumadera y resérvelo.

4 Caliente el resto del aceite en el wok y saltee el pimiento, el brécol y las judías verdes unos 2 minutos. Vierta el caldo, la salsa de ostras y la de soja y el vino de arroz, y vuelva a poner el pollo en el wok. Continúe salteando otro minuto, hasta que el pollo esté caliente y las verduras tiernas pero no blandas. Incorpore los fideos y los brotes de soja y mézclelo todo bien con dos tenedores.

cintas con pollo y setas

ingredientes

para 4 personas

40 g de boletos secos
175 ml de agua caliente
800 g de tomate (jitomate) triturado en conserva
1 guindilla (ají picante, pimiento chico, chile seco) roja fresca, despepitada (sin semillas) y bien picada
3 cucharadas de aceite de oliva
350 g de pollo deshuesado y sin piel, en tiras finas
2 dientes de ajo bien picados
350 g de cintas
sal y pimienta
2 cucharadas de perejil picado, para adornar

preparación

1. Ponga las setas en un bol, cúbralas con el agua caliente y déjelas 30 minutos en remojo. Mientras tanto, ponga el tomate con su jugo y la guindilla en una cazuela de base gruesa. Llévelo a ebullición y cuézalo a fuego lento, removiendo de vez en cuando, 30 minutos o hasta que la salsa se reduzca.

2. Saque las setas del agua con una espumadera y reserve el líquido. Cuélelo sobre la salsa de tomate con un filtro de papel para café o con un colador de muselina y prosiga con la cocción 15 minutos.

3. Mientras tanto, caliente 2 cucharadas del aceite en una sartén de base gruesa. Eche el pollo y rehóguelo, removiendo a menudo, hasta que quede tierno y dorado. Incorpore las setas y el ajo y prosiga con la cocción 5 minutos más.

4. Mientras rehoga el pollo, ponga a hervir agua con un poco de sal en una olla de base gruesa. Eche la pasta, devuelva el agua a ebullición y deje cocer la pasta de 8 a 10 minutos, hasta que esté al dente. Escúrrala y pásela a una fuente caliente. Rocíela con el aceite restante y remuévala un poco. Incorpore el pollo a la salsa de tomate, salpimiente y échelo todo sobre la pasta. Mézclelo un poco, adórnelo con el perejil picado y sírvalo enseguida.

espaguetis con pollo al perejil

ingredientes

para 4 personas

1 cucharada de aceite de oliva
la piel (cáscara) de 1 limón mondada fina y en juliana
1 cucharadita de jengibre bien picado
1 cucharadita de azúcar
sal
250 ml de caldo de pollo
250 g de espaguetis
4 cucharadas de mantequilla (manteca)
225 g de pechugas de pollo deshuesadas y sin piel, en dados
1 cebolla roja picada
las hojas de 2 manojos de perejil

preparación

1 Caliente el aceite en una cazuela de base gruesa. Rehogue la piel de limón a fuego lento 5 minutos, removiendo a menudo. Añada el jengibre, el azúcar y sal, y rehogue 2 minutos más sin dejar de remover. Vierta el caldo, llévelo a ebullición y déjelo cocer 5 minutos, o hasta que se haya reducido a la mitad.

2 Mientras tanto, lleve agua con un poco de sal a ebullición en una olla de base gruesa. Eche la pasta, devuelva el agua a ebullición y deje cocer la pasta de 8 a 10 minutos, hasta que esté al dente.

3 Mientras tanto, funda la mitad de la mantequilla en una sartén. Rehogue el pollo y la cebolla, removiendo a menudo, 5 minutos o hasta que el pollo empiece a dorarse. Incorpore la piel de limón al jengibre y prosiga con la cocción 1 minuto más. Agregue el perejil y siga cociéndolo todo 3 minutos sin dejar de remover.

4 Escurra la pasta y pásela a una fuente caliente. Añádale la mantequilla restante y remueva. Cubra la pasta con el pollo, remueva bien y sírvalo enseguida.

garganelli con pollo y feta

ingredientes

para 4 personas

2 cucharadas de aceite de oliva
450 g de pechugas de pollo deshuesadas y sin piel, en tiras finas
6 cebolletas (cebollas tiernas o de verdeo) picadas
225 g de queso feta en dados
4 cucharadas de cebollino (cebollín) troceado fino
450 g de garganelli
sal y pimienta
focaccia de tomate (jitomate), para acompañar

preparación

1. Caliente el aceite en una sartén de base gruesa. Rehogue el pollo a fuego medio, removiendo a menudo, de 5 a 8 minutos, o hasta que esté dorado y hecho por dentro. Añada la cebolleta y rehóguelo 2 minutos más. Incorpore el feta y la mitad del cebollino y salpimiente.

2. Mientras tanto, lleve agua con un poco de sal a ebullición en una olla de base gruesa. Eche la pasta, devuelva el agua a ebullición y deje cocer la pasta de 8 a 10 minutos, hasta que esté al dente. Escúrrala y pásela a una fuente caliente.

3. Cubra la pasta con el pollo, remueva un poco y sírvalo enseguida, adornado con el cebollino restante y acompañado de la focaccia de tomate.

pollo con plumas a la crema

ingredientes
para 2 personas

200 g de plumas
1 cucharada de aceite de oliva
2 pechugas de pollo deshuesadas y sin piel
4 cucharadas de vino blanco seco
115 g de guisantes (arvejas, chícharos) congelados
5 cucharadas de nata (crema) extragrasa
sal
4-5 cucharadas de perejil picado, para adornar

preparación

1 Lleve agua con un poco de sal a ebullición en una olla. Eche la pasta, devuelva el agua a ebullición y deje cocer la pasta de 8 a 10 minutos, hasta que esté al dente.

2 Mientras tanto, caliente el aceite en una sartén, eche el pollo y rehóguelo a fuego medio unos 4 minutos por cada lado.

3 Vierta el vino y cuézalo a fuego fuerte hasta que se evapore casi del todo. Escurra bien la pasta. Eche los guisantes, la nata y la pasta en la sartén y remueva bien. Tape la sartén y déjelo cocer todo a fuego lento 2 minutos. Adórnelo con el perejil picado y sírvalo.

pollo con tallarines y alcachofas

ingredientes

para 4 personas

4 pechugas de pollo sin piel
la ralladura fina y el zumo (jugo) de 1 limón
2 cucharadas de aceite de oliva
2 dientes de ajo aplastados
400 g de corazones de alcachofa (alcaucil) en conserva, escurridos y laminados
250 g de tomates (jitomates) pera pequeños
300 g de tallarines
perejil picado y parmesano rallado fino, para adornar

preparación

1 Ponga cada pechuga de pollo entre 2 trozos de film transparente y aplánelas con un rodillo. Páselas a una fuente llana de loza o de cristal junto con la ralladura y el zumo de limón y 1 cucharada del aceite y deles la vuelta para que se impregnen bien del adobo. Tápelas y refrigérelas 30 minutos.

2 Caliente el aceite restante en una sartén a fuego lento y sofría los ajos 1 minuto sin dejar de remover. Añada las alcachofas y los tomates y rehóguelos 5 minutos, removiendo de vez en cuando. Incorpore la mitad del adobo del pollo y prosiga con la cocción a fuego lento 5 minutos más.

3 Precaliente el gratinador al máximo. Retire las pechugas del adobo y póngalas en la parrilla del gratinador. Áselas 5 minutos por cada lado hasta que estén hechas. Mientras tanto, eche los tallarines en una olla con agua hirviendo y cuézalos de 7 a 9 minutos, o hasta que estén al dente.

4 Escurra la pasta, devuélvala a la olla y cúbrala con las hortalizas rehogadas y el pollo en tiras. Repártalo entre 4 platos calientes y esparza el perejil y el parmesano por encima.

lasaña de pollo

ingredientes

para 6 personas

2 cucharadas de aceite de oliva
900 g de pollo recién picado
1 diente de ajo bien picado
4 zanahorias picadas
4 puerros (poros) en rodajas
500 ml de caldo de pollo
2 cucharadas de tomate (jitomate) concentrado
115 g de queso cheddar rallado
1 cucharadita de mostaza de Dijon
625 ml de bechamel caliente
115 g de láminas de lasaña precocidas
sal y pimienta

bechamel

625 ml de leche
1 hoja de laurel
6 granos de pimienta negra
2 rodajas de cebolla
1 trocito de macis
4 cucharadas de mantequilla (manteca)
6 cucharadas de harina
sal y pimienta
rúcula silvestre y virutas de parmesano, para acompañar

preparación

1 Para preparar la bechamel, ponga la leche en un cazo con el laurel, la pimienta en grano, la cebolla y el macis. Caliéntelo por debajo del punto de ebullición, aparte el cazo del fuego, tápelo, déjelo reposar 10 minutos y cuélelo. Funda la mantequilla en una cazuela. Espolvoree la harina y rehóguela, sin dejar de remover, 1 minuto. Vierta la leche poco a poco, llévela a ebullición y cueza la salsa, removiendo, hasta que se espese y quede homogénea. Salpimiente la bechamel.

2 Caliente el aceite en una cazuela de base gruesa. Rehogue el pollo a fuego medio, deshaciéndolo con una cuchara de madera, 5 minutos o hasta que se dore bien. Añada el ajo, la zanahoria y el puerro y rehóguelos 5 minutos, removiendo. Incorpore el caldo y el tomate concentrado y salpimiente. Llévelo a ebullición, baje el fuego, tápelo y cuézalo a fuego lento 30 minutos.

3 Incorpore la mitad del cheddar y la mostaza a la bechamel caliente. En una fuente para horno, alterne capas de picadillo de pollo, láminas de lasaña y bechamel, terminando con esta última. Esparza el cheddar restante sobre la lasaña y hornéela en el horno precalentado a 190 °C durante 1 hora, o hasta que esté dorada y burbujee. Sírvala enseguida con rúcula y virutas de parmesano.

canelones de pollo y setas

ingredientes

para 4 personas

2 cucharadas de aceite de oliva
2 dientes de ajo aplastados
1 cebolla grande picada
225 g de setas (hongos) silvestres laminadas
350 g de pollo picado
115 g de jamón curado en dados
150 ml de marsala
200 g de tomate (jitomate) triturado en conserva
1 cucharada de albahaca desmenuzada
2 cucharadas de tomate (jitomate) concentrado
10-12 tubos de canelones
mantequilla (manteca), para engrasar
625 ml de bechamel caliente (véase la página 170)
85 g de queso parmesano recién rallado
sal y pimienta

preparación

1 Caliente el aceite en una sartén de base gruesa. Sofría los ajos, la cebolla y las setas a fuego lento, removiendo a menudo, de 8 a 10 minutos. Incorpore el pollo y el jamón y rehóguelos 12 minutos, o hasta que se doren bien. Añada el marsala, el tomate con su jugo, la albahaca y el tomate concentrado, y cuézalo todo unos 4 minutos. Salpimiente, tape la sartén y déjelo cocer a fuego lento 30 minutos. Destápelo y prosiga con la cocción otros 15 minutos más.

2 Mientras tanto, lleve agua con un poco de sal a ebullición en una olla de base gruesa. Eche la pasta, devuelva el agua a ebullición y deje cocer la pasta de 8 a 10 minutos, hasta que esté al dente. Con una espumadera, pase los canelones a un plato y séquelos con papel absorbente.

3 Con una cucharilla, rellene los canelones con el picadillo de pollo. Páselos a la bandeja de horno engrasada. Cúbralos bien con la bechamel y esparza el parmesano por encima.

4 Hornee los canelones en el horno precalentado a 190 °C durante 30 minutos, o hasta que estén dorados y burbujeen. Sírvalos enseguida.

arroces

arroz frito con pollo

ingredientes

para 4 personas

- ½ cucharada de aceite de sésamo (ajonjolí)
- 6 chalotes (echalotes, escalonias) pelados y cuarteados
- 450 g de pollo cocido, en dados
- 3 cucharadas de salsa de soja
- 2 zanahorias en dados
- 1 rama de apio en dados
- 1 pimiento (ají, morrón, chile) rojo despepitado (sin semillas) y en dados
- 175 g de guisantes (arvejas, chícharos)
- 100 g de maíz (elote, choclo) en conserva escurrido
- 275 g de arroz largo cocido
- 2 huevos grandes

preparación

1. Caliente el aceite a fuego medio en un wok o una sartén grande.

2. Sofría el chalote hasta que esté tierno y, después, agregue el pollo y 2 cucharadas de la salsa de soja. Saltéelo 5 o 6 minutos.

3. Incorpore la zanahoria, el apio, el pimiento, los guisantes y el maíz, y saltéelo 5 minutos más. Eche el arroz y remueva bien. Por último, bata los huevos y añádalos al salteado. Remueva hasta que el huevo empiece a cuajar, incorpore la salsa de soja restante y sírvalo.

risotto con pechuga de pollo a la plancha

ingredientes
para 4 personas

4 pechugas deshuesadas de unos 115 g cada una
sal y pimienta
la ralladura y el zumo (jugo) de 1 limón
5 cucharadas de aceite de oliva
1 diente de ajo aplastado
8 ramitas de tomillo bien picadas
3 cucharadas de mantequilla (manteca)
1 cebolla pequeña picada
280 g de arroz arborio
150 ml de vino blanco seco
1 litro de caldo de pollo caliente
85 g de parmesano o grana padano recién rallados
sal y pimienta
gajos de limón y ramitas de tomillo, para adornar

preparación

1 Ponga el pollo en una fuente llana y salpimiéntelo. Mezcle la ralladura y el zumo de limón, 4 cucharadas del aceite, el ajo y el tomillo. Unte el pollo con el adobo, tápelo con film transparente y refrigérelo de 4 a 6 horas.

2 Precaliente una plancha a fuego fuerte. Ase el pollo, con la piel hacia abajo, 10 minutos o hasta que la piel esté crujiente y empiece a dorarse. Dele la vuelta y áselo por el otro lado. Baje el fuego y áselo de 10 a 15 minutos más, o hasta que el jugo del interior salga claro. Déjelo reposar 5 minutos sobre una tabla y córtelo en lonchas gruesas.

3 Mientras tanto, funda 2 cucharadas de la mantequilla con el aceite restante en una sartén a fuego medio. Sofría la cebolla, removiendo de vez en cuando, hasta que esté tierna y empiece a dorarse. Baje el fuego, eche el arroz y remueva 2 o 3 minutos, hasta que esté translúcido. Vierta el vino y remueva 1 minuto más, hasta que se reduzca. Incorpore el caldo caliente a cucharones sin dejar de remover hasta que el líquido haya sido absorbido. Salpimiente. Apártelo del fuego e incorpore la mantequilla restante y el parmesano. Sirva el risotto con el pollo por encima y adornado con gajos de limón y tomillo.

risotto de pollo, champiñones y anacardos

ingredientes

para 4 personas

55 g de mantequilla (manteca)
1 cebolla picada
250 g de pechugas de pollo deshuesadas y sin piel, en dados
350 g de arroz arborio
1 cucharadita de cúrcuma molida
150 ml de vino blanco
1,4 litros de caldo de pollo caliente
75 g de champiñones oscuros en láminas
50 g de anacardos (castañas de cajú, nueces de la India) por la mitad
sal y pimienta
rúcula silvestre, virutas de parmesano y hojas de albahaca, para adornar

preparación

1 Derrita la mantequilla en una cazuela a fuego medio. Sofría la cebolla 5 minutos, removiendo de vez en cuando, hasta que esté tierna. Añada el pollo y rehóguelo 5 minutos, removiendo con frecuencia. Baje el fuego, eche el arroz y remueva para que se impregne bien de la mantequilla. Siga removiendo 2 o 3 minutos, o hasta que los granos estén translúcidos. Añada la cúrcuma y, después, el vino. Remueva 1 minuto más, hasta que se haya reducido.

2 Incorpore el caldo caliente a cucharones. Remueva constantemente y vaya añadiendo más líquido a medida que el arroz lo absorba. Suba el fuego para que el líquido borbotee. Déjelo cocer 20 minutos, o hasta que no quede líquido y el arroz esté cremoso. Unos 3 minutos antes del final de la cocción, añada los champiñones y los anacardos. Salpimiente.

3 Disponga unas hojas de rúcula en 4 platos. Aparte el risotto del fuego y repártalo sobre la rúcula. Adórnelo con las virutas de parmesano y la albahaca y sírvalo.

risotto a la milanesa

ingredientes

para 4 personas

125 g de mantequilla (manteca)
900 g de pechugas de pollo deshuesadas y sin piel, en lonchas (lonjas) finas
1 cebolla grande picada
500 g de arroz arborio
150 ml de vino blanco
1 cucharadita de hebras de azafrán majadas
625 ml de caldo de pollo caliente
sal y pimienta
ramitas de perejil, para adornar
50 g de virutas de parmesano, para servir

preparación

1 Funda 55 g de la mantequilla en una sartén honda. Rehogue el pollo a fuego medio, removiendo de vez en cuando, de 8 a 10 minutos, o hasta que se dore.

2 Baje el fuego, eche el arroz y siga removiendo unos minutos, hasta que los granos empiecen a hincharse y se impregnen bien de la mantequilla.

3 Añada el vino blanco y el azafrán y salpimiente. Siga removiendo hasta que el vino se evapore. Vierta 2 cucharones de caldo caliente y remueva hasta que el arroz lo absorba. Agregue el caldo restante a cucharones sin dejar de remover, dejando que el arroz absorba el caldo antes de añadir el siguiente. El arroz quedará cremoso en unos 20 a 25 minutos.

4 Ponga una ramita de perejil en cada plato y sirva el risotto enseguida con las virutas de parmesano por encima y unas nueces hechas con la mantequilla restante.

arroz con pollo, jamón y aceitunas

ingredientes

para 4-5 personas

1 pollo de 1,3 kg en 8 trozos
harina, para rebozar
3 cucharadas de aceite de oliva
1 cebolla en rodajas
2 pimientos (ajís, morrones, chiles) rojos, amarillos o verdes, despepitados (sin semillas) y en tiras
2 dientes de ajo
150 g de chorizo pelado y en dados de 1 cm
1 cucharada de tomate (jitomate) concentrado
200 g de arroz largo
450 ml de caldo de pollo
1 cucharadita de guindilla (ají picante, pimiento chico, chile seco) seca majada
$1/2$ cucharadita de tomillo
115 g de jamón curado en dados
12 aceitunas negras aliñadas
2 cucharadas de perejil picado
sal y pimienta

preparación

1 Seque el pollo con papel absorbente. Meta unas 2 cucharadas de harina en una bolsa de plástico y salpimiéntela. Meta el pollo, cierre la bolsa y agítela para rebozarlo. Caliente 2 cucharadas del aceite a fuego medio-alto en una cazuela grande refractaria. Rehogue el pollo, dándole la vuelta con frecuencia, 15 minutos o hasta que se dore. Retírelo y resérvelo en una fuente.

2 Caliente el aceite restante en la cazuela, eche la cebolla y el pimiento, baje el fuego y sofríalos despacio hasta que se ablanden. Incorpore los ajos, el chorizo y el tomate concentrado y rehóguelo unos 3 minutos. Eche el arroz y rehóguelo 2 minutos, o hasta que esté translúcido. Añada el caldo, la guindilla y el tomillo, salpimiente y remueva.

3 Llévelo a ebullición. Devuelva el pollo a la cazuela y empújelo un poco para que el arroz lo cubra. Tápelo y déjelo a fuego lento 45 minutos, o hasta que el pollo esté cocido y el arroz, tierno. Incorpore el jamón, las aceitunas y la mitad del perejil.

4 Tape de nuevo la cazuela y caliéntelo 5 minutos. Adórnelo con el perejil restante y sírvalo enseguida.

arroz con pollo y gambas

ingredientes

para 6-8 personas

½ cucharadita de azafrán en hebra
2 cucharadas de agua caliente
unas 6 cucharadas de aceite de oliva
6-8 muslos de pollo (con el hueso y la piel), sin grasa
140 g de chorizo pelado y en rodajas de 5 mm
2 cebollas grandes picadas y 4 dientes grandes de ajo aplastados
1 cucharadita de pimentón dulce o picante
375 g de arroz
100 g de judías verdes (chauchas, ejotes) troceadas
85 g de guisantes (arvejas, chícharos) congelados
1,25 litros de caldo de pollo
16 mejillones limpios y sin las barbas (deseche los que no se cierren)
16 gambas (camarones) peladas y sin el hilo intestinal
2 pimientos (ajís, morrones, chiles) rojos asados, pelados, despepitados (sin semillas) y en tiras
sal y pimienta
35 g de perejil picado, para adornar

preparación

1 Ponga el azafrán en remojo en el agua caliente.

2 Caliente 3 cucharadas del aceite en una paellera de 30 cm de diámetro. Rehogue el pollo a fuego medio-fuerte, dándole la vuelta, 5 minutos o hasta que se dore y resérvelo en una fuente. Fría el chorizo 1 minuto y resérvelo con el pollo.

3 Caliente el aceite restante en la paellera y sofría la cebolla 2 minutos. Añada el ajo y el pimentón y remueva 3 minutos, hasta que la cebolla esté tierna, pero no dorada. Eche el arroz, las judías y los guisantes y remueva para que se impregnen bien. Devuelva a la paellera el pollo, el chorizo y el jugo que hayan soltado. Agregue el caldo y el azafrán con el líquido del remojo y salpimiente. Llévelo a ebullición sin dejar de remover y déjelo a fuego lento, sin tapar, 15 minutos o hasta que el arroz esté tierno y haya absorbido casi todo el líquido.

4 Disponga sobre el arroz los mejillones, las gambas y el pimiento, tape la paellera y deje la paella a fuego lento, sin removerla, 5 minutos o hasta que las gambas estén rosadas y los mejillones se abran. Deseche los que sigan cerrados. Sirva la paella adornada con el perejil.

arroz con pollo y bacalao

ingredientes

para 4-6 personas

½ cucharadita de azafrán en hebra
2 cucharadas de agua caliente
150 g de bacalao enjuagado
1,4 litros de caldo de pescado
12 gambas (camarones) grandes
  peladas y sin el hilo intestinal
200 g de mejillones limpios
  y sin las barbas
3 cucharadas de aceite de oliva
150 g de pechuga de pollo
  troceada y salpimentada
1 cebolla roja grande picada
2 dientes de ajo picados
½ cucharadita de cayena molida
½ cucharadita de pimentón dulce
225 g de tomates (jitomates)
  pelados y en gajos
1 pimiento (ají, morrón, chile)
  rojo y 1 amarillo despepitados
  (sin semillas) y en rodajas
375 g de arroz
sal y pimienta
175 g de maíz (elote, choclo)
  en conserva escurrido
3 huevos duros cuarteados,
  para acompañar
gajos de limón, para servir

preparación

1 Ponga el azafrán en remojo en el agua caliente. Cueza el bacalao en el caldo 5 minutos, retírelo con una espumadera, cuélelo, trocéelo y resérvelo en una fuente. Cueza las gambas en el caldo 2 minutos y añádalas al bacalao. Deseche los mejillones con las valvas rotas o que no se cierren al darles un golpecito. Ponga los restantes en el caldo hasta que se abran.

2 Caliente el aceite en una paellera a fuego medio. Rehogue el pollo 5 minutos. Eche la cebolla y sofríala hasta que se ablande. Agregue el ajo, la cayena, el pimentón y el azafrán con el líquido del remojo y rehóguelo 1 minuto sin dejar de remover. Incorpore el tomate y el pimiento y cuézalo, removiendo, 2 minutos.

3 Eche el arroz y remueva 1 minuto. Añada casi todo el caldo, llévelo a ebullición y baje el fuego. Déjelo cocer 10 minutos, sin tapar. No remueva el arroz durante la cocción, pero agite la paellera un par de veces cuando añada nuevos ingredientes. Salpimiente y cuézalo 10 minutos o hasta que el arroz esté casi hecho, añadiendo más caldo si fuera necesario. Incorpore el marisco y el maíz y déjelo 3 minutos.

4 Cuando se haya absorbido el líquido, aparte la paellera del fuego. Tape el arroz con papel de aluminio y déjelo reposar 5 minutos. Sírvalo con el huevo y el limón.

arroz con pollo y pato a la naranja

ingredientes

para 4-6 personas

½ cucharadita de azafrán en hebra
2 cucharadas de agua caliente
175 g de pechuga de pollo deshuesada y sin piel
4 pechugas de pato grandes, deshuesadas y sin piel
2 cucharadas de aceite de oliva
1 cebolla grande picada
2 dientes de ajo aplastados
1 cucharadita de pimentón dulce
225 g de tomate (jitomate) en gajos
1 pimiento (ají, morrón, chile) naranja asado, pelado, despepitado (sin semillas) y picado
175 g de alubias rojas (porotos, frijoles colorados) en conserva (peso escurrido)
375 g de arroz
1 cucharada de perejil picado, y unas ramitas para adornar
1 cucharada de piel (cáscara) de naranja recién rallada y 2 de zumo (jugo) de naranja
100 ml de vino blanco y 1,25 litros de caldo de pollo caliente
sal y pimienta
gajos de naranja, para adornar

preparación

1 Ponga el azafrán en remojo en el agua caliente.

2 Corte el pollo y el pato en trozos del tamaño de un bocado y salpiméntelos. Caliente el aceite en una paellera y rehogue el pollo y el pato a fuego medio-fuerte, removiendo, hasta que se doren bien. Resérvelos.

3 Sofría la cebolla a fuego medio hasta que se ablande. Añada los ajos, el pimentón y el azafrán con el líquido del remojo y siga removiendo 1 minuto. Incorpore el tomate, el pimiento y las alubias y remueva durante un par de minutos más.

4 Eche el arroz y remueva 1 minuto. Agregue la ralladura y el zumo de naranja, el vino y casi todo el caldo. Llévelo a ebullición, baje el fuego y déjelo cocer unos 10 minutos sin tapar. No remueva el arroz, pero agite la paellera una o dos veces cuando añada nuevos ingredientes. Devuelva el pollo y el pato a la paellera y salpiméntelos. Deje la paella al fuego 10 o 15 minutos, hasta que el arroz esté hecho (añada más caldo si fuera necesario).

5 Cuando se haya absorbido todo el líquido y el arroz desprenda un ligero aroma a tostado, apártelo del fuego. Tápelo y déjelo reposar 5 minutos. Adórnelo con perejil y gajos de naranja, y sírvalo.

arroz con cerdo y chorizo

ingredientes

para 4-6 personas

12 gambas (camarones) grandes
1,25 litros de caldo de pollo caliente
½ cucharadita de azafrán en hebra
2 cucharadas de agua caliente
100 g de pechuga de pollo deshuesada y sin piel, en trozos de 1 cm
100 g de solomillo (lomo) de cerdo en trozos de 1 cm
3 cucharadas de aceite de oliva
100 g de chorizo pelado y en rodajas de 1 cm
1 cebolla roja grande picada
2 dientes de ajo aplastados
½ cucharadita de cayena molida
½ cucharadita de pimentón dulce
1 pimiento (ají, morrón, chile) rojo y 1 verde, despepitados (sin semillas) y en rodajas
12 tomates (jitomates) cherry por la mitad
375 g de arroz
1 cucharada de perejil picado
2 cucharaditas de estragón picado
sal y pimienta

preparación

1. Cueza las gambas en el caldo 2 minutos y resérvelas. Deje el azafrán en remojo en el agua caliente.

2. Salpimiente el pollo y el cerdo. Caliente el aceite en una paellera y rehogue el pollo, el cerdo y el chorizo a fuego medio, sin dejar de remover, hasta que se doren. Añada la cebolla y remueva hasta que esté tierna. Incorpore los ajos, la cayena, el pimentón y el azafrán con el líquido del remojo y siga removiendo 1 minuto más. Agregue los pimientos y los tomates y déjelo cocer todo otros 2 minutos.

3. Eche el arroz y las hierbas en la paellera y remueva 1 minuto. Vierta casi todo el caldo, llévelo a ebullición y déjelo cocer a fuego lento, sin tapar, 10 minutos. No remueva el arroz durante la cocción, pero agite la paellera un par de veces cuando añada nuevos ingredientes. Salpimiente el arroz y déjelo cocer 10 minutos más o hasta que esté casi cocido, añadiendo un poco más de caldo caliente si fuera necesario. Agregue las gambas y déjelo cocer un par de minutos más.

4. Cuando se haya absorbido todo el líquido y el arroz desprenda un ligero aroma a tostado, apártelo del fuego. Cúbralo con papel de aluminio y déjelo reposar 5 minutos. Sírvalo enseguida.

pollo con arroz a la griega

ingredientes

para 4 personas

- 8 muslos de pollo
- 2 cucharadas de aceite de maíz (elote, choclo)
- 1 cebolla picada
- 2 dientes de ajo picados
- 175 g de arroz largo
- 225 ml de caldo de pollo
- 800 g de tomate (jitomate) triturado en conserva
- 1 cucharada de tomillo fresco picado
- 2 cucharadas de orégano fresco picado
- 12 aceitunas negras sin hueso picadas
- 55 g de queso feta desmenuzado
- ramitas de orégano fresco, para adornar

preparación

1 Retire la piel del pollo. Caliente el aceite en una cazuela. Rehogue el pollo, por tandas si fuera necesario, a fuego medio y dándole la vuelta a menudo, de 8 a 10 minutos o hasta que se dore. Retírelo con una espumadera y resérvelo en una fuente.

2 Eche en la cazuela la cebolla, el ajo, el arroz y 50 ml de caldo y remueva 5 minutos, o hasta que la cebolla esté tierna. Vierta el caldo restante e incorpore el tomate con su jugo y las hierbas.

3 Devuelva los muslos de pollo a la cazuela y empújelos un poco hacia abajo para que el arroz los cubra. Llévelo a ebullición, baje el fuego, tape la cazuela y déjelo a fuego lento de 25 a 30 minutos o hasta que el pollo esté cocido y tierno. Incorpore las aceitunas y esparza el queso por encima. Adórnelo con unas ramitas de orégano y sírvalo enseguida.

jambalaya de pollo

ingredientes

para 4 personas

400 g de pechugas de pollo deshuesadas y sin piel, en dados
1 cebolla roja en dados
1 diente de ajo aplastado
625 ml de caldo de pollo
400 g de tomates (jitomates) troceados en conserva en su jugo
280 g de arroz integral
1-2 cucharaditas de guindilla (ají picante, pimiento chico, chile seco) molida
1/2 cucharadita de pimentón
1 cucharadita de orégano
1 pimiento (ají, morrón, chile) rojo y 1 amarillo despepitados (sin semillas) y en dados
85 g de maíz (elote, choclo) congelado
85 g de guisantes (arvejas, chícharos) congelados
3 cucharadas de perejil picado
pimienta
ensalada verde, para acompañar (opcional)

preparación

1 En una cazuela de base gruesa, ponga el pollo, la cebolla, el ajo, el caldo, el tomate y el arroz. Añada la guindilla, el pimentón y el orégano y remueva bien. Llévelo a ebullición, baje el fuego, tápelo y cuézalo 25 minutos.

2 Agregue los pimientos, el maíz y los guisantes y deje que rompa de nuevo el hervor. Baje el fuego, tape la cazuela y prosiga con la cocción 10 minutos más, o hasta que el arroz esté hecho (el arroz integral mantiene su consistencia una vez cocido) y la mayor parte del caldo se haya absorbido, pero sin que el arroz quede completamente seco.

3 Incorpore 2 cucharadas del perejil y sazónelo con pimienta. Pase el jambalaya a una fuente caliente, adórnelo con el perejil restante y, si lo desea, sírvalo con ensalada verde para acompañar.

arroz frito al huevo con pollo

ingredientes

para 4 personas

225 g de arroz jazmín
3 pechugas de pollo deshuesadas y sin piel, en dados
400 ml de leche de coco en conserva
50 g de coco rallado
2-3 raíces de cilantro picadas
la piel (cáscara) de 1 limón mondada fina
1 guindilla (ají picante, pimiento chico, chile seco) verde despepitada (sin semillas) y picada
3 hojas de albahaca tailandesa
1 cucharada de salsa de pescado tailandesa
1 cucharada de aceite
3 huevos batidos
cebollino y ramitas de cilantro, para adornar

preparación

1 Cueza el arroz en agua hirviendo de 12 a 15 minutos, escúrralo bien y refrigérelo toda la noche.

2 Ponga el pollo en una cazuela y cúbralo con la leche de coco. Añada el coco rallado, la raíz de cilantro, la piel de limón y la guindilla, y llévelo a ebullición. Cuézalo a fuego lento de 8 a 10 minutos, hasta que el pollo esté tierno. Aparte la cazuela del fuego. Incorpore la albahaca y la salsa de pescado.

3 Mientras tanto, caliente el aceite en un wok y saltee el arroz 2 o 3 minutos. Eche el huevo y remueva hasta que se cuaje y se haya mezclado con el arroz. Forre con film transparente 4 flaneras o boles refractarios y llénelos con el arroz. Vuélquelas con cuidado en los platos y retire el plástico. Adorne el arroz con cebollino y cilantro y sírvalo con el pollo.

arroz con pollo al estilo de hainan

ingredientes

para 4-6 personas

- 1 pollo entero y limpio de 1,5 kg
- 55 g de jengibre picado
- 2 dientes de ajo aplastados
- 1 cebolleta (cebolla tierna o de verdeo) atada en forma de nudo
- 1 cucharadita de sal
- 2 cucharadas de aceite vegetal o de cacahuete (cacahuate, maní)
- salsa de guindilla (ají picante, pimiento chico, chile seco) o de soja, para acompañar

arroz

- 2 cucharadas de aceite vegetal o de cacahuete (cacahuate, maní)
- 5 dientes de ajo bien picados
- 5 chalotes (echalotes, escalonias) bien picados
- 350 g de arroz largo
- 950 ml de caldo de pollo
- 1 cucharadita de sal

preparación

1 Enjuague el pollo y séquelo bien. Rellénelo con el jengibre, los ajos, la cebolleta y la sal.

2 En una olla, lleve suficiente agua a ebullición para cubrir el pollo. Ponga el pollo en la olla con la pechuga hacia arriba. En cuanto rompa de nuevo el hervor, baje el fuego y déjelo cocer de 30 a 40 minutos, dándole la vuelta una vez.

3 Retire el pollo y enjuáguelo con agua fría 2 minutos para detener la cocción. Escúrralo, úntelo con el aceite y resérvelo.

4 Para preparar el arroz, caliente el aceite en un wok precalentado. Saltee el ajo y el chalote hasta que desprendan aroma. Eche el arroz y rehóguelo durante 3 minutos sin dejar de remover. Páselo a una cazuela grande y añada el caldo y la sal. Llévelo a ebullición, baje el fuego y déjelo cocer 20 minutos. Apague el fuego y deje que el arroz se cueza al vapor de 5 a 10 minutos más, o hasta que esté a punto.

5 Trinche el pollo en trozos grandes y sírvalo con el arroz y salsa de guindilla o de soja.

pollo al vapor con arroz en hojas de loto

ingredientes

para 4-8 personas

450 g de arroz glutinoso remojado en agua fría 2 horas
450 ml de agua fría, 1 cucharadita de sal y 1 de aceite vegetal o de cacahuete (cacahuate, maní)
4 hojas de loto secas remojadas en agua caliente 1 hora

relleno

100 g de gambas (camarones) pequeñas peladas y sin el hilo intestinal
1 trozo de jengibre de unos 5 cm
200 g de pollo sin grasa, en tiras
2 cucharaditas de salsa de soja clara
50 g de setas (hongos) chinas, remojadas en agua caliente 20 minutos, y 1 cucharada de aceite vegetal o de cacahuete (cacahuate, maní), para freír
200 g de lomo de cerdo picado
1 cucharada de vino de arroz de Shaoxing, y 1 cucharadita de salsa de soja oscura, $1/2$ de pimienta blanca y 1 de azúcar

preparación

1. Para preparar el relleno, cueza las gambas al vapor 5 minutos y resérvelas. Ralle bien el jengibre, desechando la parte fibrosa y reservando el jugo que suelte. Adobe el pollo en la salsa de soja y el jugo del jengibre durante 20 minutos. A continuación, cuézalo al vapor en el adobo y resérvelo.

2. Escurra el arroz y póngalo en una cazuela con el agua. Llévelo a ebullición, eche la sal y el aceite, tápelo y cuézalo a fuego lento 15 minutos. Divídalo en 8 porciones y resérvelo. Escurra las setas y córtelas en láminas finas, desechando los tallos leñosos. Reserve el agua del remojo. En un wok precalentado o una cacerola honda, caliente el aceite y rehogue el cerdo, las gambas y las setas 2 minutos. Incorpore el vino de arroz, la salsa de soja, la pimienta y el azúcar. Si fuera necesario, añada el líquido de remojo de las setas.

3. Enjuague y seque las hojas de loto. Ponga una porción de arroz en el centro de cada hoja y aplánela para formar un cuadrado de 10 cm. Cúbralo con el cerdo salteado y unos trozos de pollo. Añada otra capa de arroz y doble bien la hoja para formar un hatillo. Cueza los paquetitos durante unos 15 minutos. Déjelos reposar 5 minutos antes de servirlos.

pollo con hortalizas y arroz al cilantro

ingredientes

para 4 personas

- 2 cucharadas de aceite vegetal o de cacahuete (cacahuate, maní)
- 1 cebolla roja picada
- 2 dientes de ajo picados
- 1 trozo de jengibre de 2,5 cm pelado y picado
- 2 pechugas de pollo sin piel, deshuesadas y en tiras
- 115 g de champiñones cerrados
- 400 g de leche de coco en conserva
- 50 g de tirabeques (bisaltos, ejotes, arvejas planas) despuntados y por la mitad a lo largo
- 2 cucharadas de salsa de soja
- 1 cucharada de salsa de pescado

arroz

- 1 cucharada de aceite vegetal o de cacahuete (cacahuate, maní)
- 1 cebolla roja en rodajas
- 350 g de arroz hervido y frío
- 250 g de pak choy en trozos grandes
- 1 puñado de cilantro picado
- 2 cucharadas de salsa de soja tailandesa

preparación

1. Caliente el aceite en un wok o una sartén grande y saltee la cebolla, el ajo y el jengibre 1 o 2 minutos.

2. Añada el pollo y los champiñones y saltéelos a fuego fuerte hasta que se doren. Incorpore la leche de coco, los tirabeques y las salsas, y llévelo a ebullición. Cuézalo a fuego lento 4 o 5 minutos, hasta que los ingredientes estén tiernos.

3. Caliente el aceite para el arroz en otro wok u otra sartén y saltee la cebolla hasta que esté tierna, sin dejar que se dore. Añada el arroz hervido, el pak choy y el cilantro, y saltéelo a fuego lento hasta que las hojas se hayan ablandado y el arroz esté caliente. Rocíelo con un poco de salsa de soja y sirva el arroz enseguida con el pollo.

biryani de pollo

ingredientes

para 8 personas

1½ cucharaditas de jengibre picado
1½ cucharaditas de ajo majado
1 cucharada de garam masala
1 cucharadita de guindilla (ají picante, pimiento chico, chile seco) molida
½ cucharadita de cúrcuma molida
2 cucharaditas de sal
5 semillas de cardamomo verde o blanco majadas
300 ml de yogur
1,5 g de pollo sin piel y en 8 trozos
150 ml de leche
1 cucharadita de azafrán en hebra
6 cucharadas de ghee
2 cebollas en rodajas
450 g de arroz basmati
2 ramitas de canela
4 granos de pimienta negra
1 cucharadita de semillas de comino negro
4 guindillas (ajís picantes, pimientos chicos, chiles secos) verdes
4 cucharadas de zumo (jugo) de limón
2-3 cucharadas de hojas de cilantro bien picadas

preparación

1 Mezcle en un cuenco el jengibre con el ajo, el garam masala, la guindilla, la cúrcuma, la mitad de la sal y el cardamomo. Eche el yogur y los trozos de pollo y mézclelo bien. Tápelo y déjelo en adobo 3 horas en el frigorífico.

2 Hierva la leche en un cazo, viértala sobre el azafrán y resérvelo.

3 Caliente el ghee en una cazuela grande. Sofría la cebolla hasta que se dore. Pase la mitad de la cebolla y del ghee a un bol y resérvelo.

4 Ponga en una cazuela con agua el arroz, la canela, la pimienta y el comino. Llévelo a ebullición y apártelo del fuego cuando el arroz esté a medio cocer. Escúrralo y páselo a un cuenco. Añada la sal restante.

5 Pique las guindillas y resérvelas. Ponga el pollo adobado en la cazuela con la cebolla. Añada la mitad de la guindilla, del zumo de limón, del cilantro y de la leche al azafrán. Incorpore el arroz y, después, el resto de los ingredientes, incluyendo la cebolla y el ghee reservados. Tape herméticamente la cacerola y déjelo cocer a fuego lento 1 hora. Compruebe que el pollo está cocido; si no fuera así, devuélvalo al fuego 15 minutos más. Mézclelo todo bien antes de servirlo.

índice

alitas de pollo
    a la oriental 90
alitas de pollo con salsa
    de soja 28
arroz con cerdo y chorizo
    192
arroz con pollo al estilo
    de Hainan 200
arroz con pollo, jamón
    y aceitunas 184
arroz con pollo y bacalao
    188
arroz con pollo y gambas
    186
arroz con pollo y pato
    a la naranja 190
arroz frito al huevo
    con pollo 198
arroz frito con pollo 176
asados
    ensalada de pollo asado
        con aliño de naranja
        36
    picantones a la canela
        con lentejas 104
    pollo asado con pesto
        de tomates secados
        al sol 102
biryani de pollo 206
brochetas de pollo
    adobadas 50
brochetas de pollo
    con salsa de yogur 86
burritos de pollo 80

caldo claro de pollo
    y setas 18
canelones de pollo
    y setas 172
chow mein de pollo 156
cintas con pollo y setas 160
crema de pollo 8
croquetas de pollo y jamón
    24
crostini de pollo 20
curry cremoso de pollo
    con arroz al limón 62

empanada de pollo 82
ensalada con higadillos
    de pollo calientes 32
ensalada de pollo al curry 44
ensalada de pollo cajún 40
ensalada de pollo, queso
    y rúcula 34
espaguetis con pollo
    al perejil 162

fajitas de pollo 78
fricasé de pollo 146

garganelli con pollo
    y feta 164
gumbo de pollo 116

hamburguesas de pollo
    con beicon 76

jambalaya de pollo 196
jengibre
    ensalada de pollo
        al jengibre con
        hortalizas 42
    brochetas de pollo
        con hortalizas 88
    pollo con arroz
        a la griega 194

korma de pollo con
    pistachos 140

lasaña de pollo 170

nidos de fideos con
    ensalada de pollo
    a la lima 150

paté de higadillos
    de pollo 30
pechugas de pollo
    con leche de coco 66
platos tailandeses
    curry verde tailandés
        de pollo 64
    ensalada tailandesa
        de pollo 46

pollo a las especias
    tailandesas con
    calabacín 74
sopa tailandesa de pollo
    con coco 14
pollo a la cazadora 134
pollo a la guindilla 132
pollo a la lima 106
pollo a la lima con menta
    70
pollo a la toscana 112
pollo a las cinco especias
    con hortalizas 56
pollo al estilo de Florida
    122
pollo al estilo de Kiev 144
pollo al estilo de Luisiana
    130
pollo al estragón 110
pollo al limón con ajo 26
pollo al vapor con arroz
    en hojas de loto 202
pollo al vapor con
    mantequilla de guindilla
    y cilantro 136
pollo al vino blanco 118
pollo al vino tinto 126
pollo agridulce 58
pollo asado 94
pollo asado con olivada
    138
pollo balti 68
pollo bang bang 72
pollo con arroz al azafrán
    128
pollo con cebada perlada
    96
pollo con hortalizas 158
pollo con hortalizas
    y arroz al cilantro 204
pollo con maíz y judías 100
pollo con pak choy 60
pollo con patata y guindilla
    a la mexicana 124
pollo con plumas
    a la crema 166
pollo con puré de patata
    al azafrán 108

pollo con queso de cabra
    y albahaca 114
pollo con salsa de nuez
    142
pollo con tallarines
    y alcachofas 168
pollo con tomate
    y cebolla 98
pollo dorado con cilantro 84
pollo picante con
    cacahuetes 52
pollo teriyaki con fideos
    al sésamo 154

risotto
    risotto a la milanesa 182
    risotto con pechuga de
        pollo a la plancha 178
    risotto de pollo,
        champiñones
        y anacardos 180
rodajitas de pollo con
    queso azul y hierbas
    aromáticas 38

satay de pollo 54
sopa de pollo al estragón
    16
sopa de pollo con brécol
    12
sopa de pollo con fideos
    22
sopa de pollo y patata
    con beicon 10

tajín de pollo 120

yaki soba 152

tabla de equivalencias

Las equivalencias exactas de la siguiente tabla han sido redondeadas por conveniencia.

medidas de líquidos/sólidos

sistema imperial (EE UU)	sistema métrico
1/4 de cucharadita	1,25 mililitros
1/2 cucharadita	2,5 mililitros
3/4 de cucharadita	4 mililitros
1 cucharadita	5 mililitros
1 cucharada (3 cucharaditas)	15 mililitros
1 onza (de líquido)	30 mililitros
1/4 de taza	60 mililitros
1/3 de taza	80 mililitros
1/2 taza	120 mililitros
1 taza	240 mililitros
1 pinta (2 tazas)	480 mililitros
1 cuarto de galón (4 tazas)	950 mililitros
1 galón (4 cuartos)	3,84 litros
1 onza (de sólido)	28 gramos
1 libra	454 gramos
2,2 libras	1 kilogramo

temperatura del horno

fahrenheit	celsius	gas
225	110	1/4
250	120	1/2
275	140	1
300	150	2
325	160	3
350	180	4
375	190	5
400	200	6
425	220	7
450	230	8
475	240	9

longitud

sistema imperial (EE UU)	sistema métrico
1/8 de pulgada	3 milímetros
1/4 de pulgada	6 milímetros
1/2 pulgada	1,25 centímetros
1 pulgada	2,5 centímetros